Pereira Barreto

Soluções Positivas da Política Brasileira

COLEÇÃO GRANDES OBRAS DO PENSAMENTO UNIVERSAL

1 – Assim Falava Zaratustra – **Nietzsche**
2 – A Origem da Família, da Propriedade Privada e do Estado – **Engels**
3 – Elogio da Loucura – **Erasmo de Rotterdam**
4-5 – A República – **Platão**
6 – As Paixões da Alma – **Descartes**
7 – A Origem da Desigualdade entre os Homens – **Rousseau**
8 – A Arte da Guerra – **Maquiavel**
9 – Utopia – **Thomas More**
10 – Discurso do Método – **Descartes**
11 – Monarquia – **Dante Alighieri**
12 – O Príncipe – **Maquiavel**
13 – O Contrato Social – **Rousseau**
14 – Banquete – **Dante Alighieri**
15 – A Religião nos Limites da Simples Razão – **Kant**
16 – A Política – **Aristóteles**
17 – Cândido ou o Otimismo – O Ingênuo – **Voltaire**
18 – Reorganizar a Sociedade – **Comte**
19 – A Perfeita Mulher Casada – **Luis de León**
20 – A Genealogia da Moral – **Nietzsche**
21 – Reflexões sobre a Vaidade dos Homens – **Mathias Aires**
22 – De Pueris – A Civilidade Pueril – **Erasmo de Rotterdam**
23 – Caracteres – **La Bruyère**
24 – Tratado sobre a Tolerância – **Voltaire**
25 – Investigação sobre o Entendimento Humano – **David Hume**
26 – A Dignidade do Homem – **Pico della Mirândola**
27 – Os Sonhos – **Quevedo**
28 – Crepúsculo dos Ídolos – **Nietzsche**
29 – Zadig ou o Destino – **Voltaire**
30 – Discurso sobre o Espírito Positivo – **Comte**
31 – Além do Bem e do Mal – **Nietzsche**
32 – A Princesa de Babilônia – **Voltaire**
33 – A Origem das Espécies (Tomo I) – **Darwin**
34 – A Origem das Espécies (Tomo II) – **Darwin**
35 – A Origem das Espécies (Tomo III) – **Darwin**
36 – Solilóquios – **Santo Agostinho**
37 – Livro do Amigo e do Amado – **Lúlio**
38 – Fábulas – **Fedro**
39 – A Sujeição das Mulheres – **Stuart Mill**
40 – O Sobrinho de Rameau – **Diderot**
41 – O Diabo Coxo – **Guevara**
42 – Humano, Demasiado Humano – **Nietzsche**
43 – A Vida Feliz – **Sêneca**
44 – Ensaio sobre a Liberdade – **Stuart Mill**
45 – A Gaia Ciência – **Nietzsche**
46 – Cartas Persas I – **Montesquieu**
47 – Cartas Persas II – **Montesquieu**
48 – Princípios do Conhecimento Humano – **Berkeley**
49 – O Ateu e o Sábio – **Voltaire**
50 – Livro das Bestas – **Lúlio**
51 – A Hora de Todos – **Quevedo**
52 – O Anticristo – **Nietzsche**
53 – A Tranqüilidade da Alma – **Sêneca**
54 – Paradoxo sobre o Comediante – **Diderot**
55 – O Conde Lucanor – **Juan Manuel**
56 – O Governo Representativo – **Stuart Mill**
57 – Ecce Homo – **Nietzsche**
58 – Cartas Filosóficas – **Voltaire**
59 – Carta sobre os Cegos Endereçada àqueles que Enxergam – **Diderot**
60 – A Amizade – **Cícero**
61 – Do Espírito Geométrico - Pensamentos – **Pascal**
62 – Crítica da Razão Prática – **Kant**
63 – A Velhice Saudável – **Cícero**
64 – Dos Três Elementos – **López Medel**
65 – Tratado da Reforma do Entendimeno – **Spinoza**
66 – Aurora – **Nietzsche**
67 – Belfagor, o Arquidiabo - A Mandrágora – **Maquiavel**
68 – O Livro dos Mil Provérbios – **Lúlio**
69 – Máximas e Reflexões – **La Rochefoucauld**
70 – Utilitarismo – **Stuart Mill**
71 – Manifesto do Partido Comunista – **Marx e Engels**
72 – A Constância do Sábio – **Sêneca**
73 – O Nascimento da Tragédia – **Nietzsche**
74 – O Bisbilhoteiro – **Quevedo**
75 – O Homem dos 40 Escudos – **Voltaire**
76 – O Livro do Filósofo – **Nietzsche**
77 – A Miséria da Filosofia – **Marx**
78 – Soluções Positivas da Política Brasileira – **Pereira Barreto**
79 – Filosofia da Miséria – I – **Proudhon**

Luís Pereira Barreto

Soluções Positivas da Política Brasileira

TEXTO INTEGRAL

Organização, apresentação e notas:
André Campos Mesquita

www.escala.com.br

Av. Profª Ida Kolb, 551 - Casa Verde
CEP- 02518-000 - São Paulo - SP
Tel.: (+55)11 3855-2100
Fax.: (+55)11 3857-9643
Internet: www.escala.com.br
E-mail: escala@escala.com.br
Caixa Postal: 16.381
CEP- 02599-970 - São Paulo/SP

DIAGRAMAÇÃO: GILIARD ANDRADE
REVISÃO: PATRÍCIA DE FÁTIMA SANTOS
CAPA: GILIARD ANDRADE E MARCELO SERIKAKU
COLABORADOR: LUCIANO OLIVEIRA DIAS
COORDENAÇÃO EDITORIAL: CIRO MIORANZA

ÍNDICE

Apresentação 7
O positivismo e o Brasil 8
Principais obras: 12
A obra 13
Prefácio 17

"A elegibilidade dos acatólicos e o parecer do conselho de estado" 21
A grande naturalização 33
   I Ordem e progresso 33
   II Ordem e progresso 37
   III Ordem e progresso 41
   IV Ordem e progresso 47
   V Ordem e progresso 53
   VI Ordem e progresso 57
   VII Ordem e progresso 61

Outros artigos 65
   A elegibilidade dos acatólicos e o parecer do conselho de estado 65
   O sr. G. Nash morton e o positivismo 73
   O darwinismo e o sr. Dr. Barreto 91
   O darwinismo (uma resposta) 99
   O darwinismo (uma resposta) II 107
   O darwinismo (uma resposta) III 107
   O darwinismo (uma resposta) IV 111
   O darwinismo e o sr. Dr. Barreto 117
   O sr. Dr. Barreto e o Darwinismo 123
   O darwinismo – uma resposta I 131
   O darwinismo – uma resposta II 135

Bibliografia 140

APRESENTAÇÃO

Com gênese no cientificismo, o positivismo, surgido no início do século XIX, é uma corrente filosófica que acreditava que, somente por meio da razão, poderíamos entender e interpretar a realidade. Desse modo, conheceríamos as leis da natureza que constituiriam as bases que devem reger a vida dos homens, do mundo e de todo o universo.

Auguste Comte (1798-1857), fundador da doutrina, ansiava suplantar as explicações teológicas, filosóficas e de senso comum com as quais se explicava a realidade. Para um positivista, os princípios que regulavam ou deviam regular o mundo físico e o social eram, em sua essência, diferentes. Enquanto o mundo físico estava diretamente ligado aos eventos exteriores ao homem, o mundo social era intrínseco às questões humanas. Apesar disso, criam os positivistas, mundo físico e mundo social tinham uma origem comum e natural, e por essa razão, era possível uma aproximação entre ambos.

As ciências naturais tiveram, na primeira metade do século XIX, uma evolução primorosa. Vários descobrimentos foram feitos na química, nas ciências biológicas e na física e novas teorias mudaram radicalmente os métodos de estudos e pesquisas. Seduzido por esses novos métodos, o pensador positivista acreditava que as ciências sociais deviam ser analisadas com base nos mesmos princípios que as ciências naturais. Esse método é bastante perceptível nas obras dos primeiros filósofos positivistas; mesmo Comte chegou a empregar o termo *física social* antes de adotar o nome *Sociologia* em seus primeiros trabalhos.

A filosofia positiva propunha que o modelo de pesquisa e investigação das ciências naturais era o mais adequado também para entender a vida social, já que era clara, para os positivistas, a relação que havia entre ambas. Dessa forma, esses filósofos concebiam a sociedade como um organismo formado por partes harmônicas que tinham uma coerência no modo como interagiam e funcionavam de acordo com os modelos mecânicos e físicos.

Esse pensamento teve uma importância marcante nos fatos históricos que ocorreram nesse período no Brasil. Os ideais positivistas estão presentes na separação definitiva da Igreja e do Estado Brasileiro, na abolição da escravidão e na guerra de Canudos.

O POSITIVISMO E O BRASIL

O positivismo desembarca no Brasil na segunda metade do século XIX, trazendo idéias com o liberalismo político, os ideais republicanos, a luta contra a escravidão e um projeto de erguer uma elite intelectual para elaborar um projeto positivo para o desenvolvimento brasileiro.

Essa elite intelectual, também chamada "nova burguesia", seria a responsável pela expansão das idéias de Comte no país. Cabe ressaltar que o positivismo brasileiro tem, entretanto, características únicas, não se restringindo a reproduzir os pensamentos comteanos. Enquanto Comte ansiava por elevar o a mente ao seu patamar mais elevado, denominado "estado positivo", os positivistas brasileiros queriam criar um projeto político para a nação. Um dos alicerces desse projeto era a derrubada da monarquia e a proclamação de uma república no Brasil. Outro ponto de ataque desses positivistas era a presença da Igreja no Estado, o que para esses pensadores traduzia os que de mais retrógrado existia no mundo.

O Brasil, na ocasião, se encontrava extremamente atrelado ao catolicismo, isso era notável na Constituição e no exercício da vida pública. Para se ter uma idéia, no século XIX, outros cultos religiosos eram permitidos, desde que realizados em locais privados sem manifestações publicas; do mesmo modo altos cargos políticos só podiam ser ocupados por católicos. Durante a posse, os conselheiros de estado eram, por exemplo, obrigados a jurar lealdade ao Imperador, à constituição e à Igreja Romana.

Talvez tenha sido justamente por encontrar esse panorama no Brasil, que o positivismo tenha tido uma força tão grande no país, maior inclusive do que a que tinha na França, onde se originou. Na doutrina positivista, os intelectuais brasileiros puderam se apoiar para organizar as bases da República. A República passou a simbolizar a luta da ciência contra o domínio da religião, representado pelo Império; e somente a com derrubada deste último a razão enfim triunfaria, dando início ao progresso do país.

O Coronel Benjamim Constant, conhecido como o Fundador da República Brasileira, era um discípulo ferrenho de Comte. A despeito de ter participado da Guerra do Paraguai – tendo sido inclusive condecorado por sua atuação – era contrário à guerra, e defendia inclusive o fim das forças armadas. Constant criou, com base no positivismo, o conceito de Soldado-Cidadão, um modelo de conduta para os militares que se baseava na premissa de que todo soldado era em princípio um cidadão. Ele foi um dos articuladores centrais da insurreição militar que levou à Proclamação da República.

A expressão *Ordem e Progresso,* presente na bandeira brasileira, foi tirada da fórmula do positivismo: **Amor** por princípio e a **Ordem** por base; o **Progresso** por fim. Essa fórmula vem da visão que Comte tinha dos fenômenos da sociedade. Segundo o filósofo, os seres vivos devem ser estudados sob uma dimensão estática e outra dinâmica, que são a sociedade em repouso e em movimento respectivamente. Desse modo essas duas dimensões se relacionam à anatomia e à fisiologia. A bandeira foi projetada por dois positivistas: Raimundo Teixeira Mendes e Miguel Lemos, com desenho de Décio Vilares, na ocasião da Proclamação da República. Foi Benjamim Constant quem sugeriu que o lema fosse colocado no lugar do brasão imperial. O próprio Pereira Barreto, ainda durante o império, chegou a usar a expressão "Ordem e Progresso" (já sem o "amor") como epigrafe em seus artigos.

Em 11 de maio de 1881, Miguel de Lemos funda a Igreja Positivista Brasileira. Ainda em atividade no bairro da Glória no Rio de Janeiro, é a igreja positivista mais antiga do mundo.

Vida e obras do autor

Estudiosos como Ivan Monteiro de Barros Lins e Roque Spencer Maciel de Barros, consideram o lançamento do livro "As Três Filosofias" de Pereira Barreto o marco do positivismo no Brasil.

Luís Pereira Barreto nasceu em Resende, RJ, em 11 de janeiro de 1840 graduou-se doutor em ciências naturais, medicina cirúrgica e partos pela Faculdade de Medicina da Universidade de Bruxelas. Filho de um grande proprietário de lavoura cafeeira, o Comendador Fabiano Pereira Barretto, Luís dispunha de recursos para estudar nas melhores escolas européias. E foi em Bruxelas que pela primeira vez tomou contato com os escritos do pensador Augusto Comte, que o levou a se converter à religião da humanidade.

Tornou-se amigo de Pierre Laffitte, discípulo de Auguste Comte, o fundador da doutrina positivista, com quem se correspondeu por um bom tempo, mesmo já tendo voltado ao Brasil.

Em 1864, quando retornou ao Brasil, desempenhou um papel fundamental na vida científica e intelectual brasileira. Convalidou seu diploma na Faculdade de Medicina do Rio de Janeiro defendendo a tese: "Teoria das Gastralgias e das Neuroses em Geral". Atuou como médico em Resende até 1869; aos 28 anos mudou-se para Jacareí, São Paulo, casando-se com Carolina Peixoto.

Discípulo deslumbrado das doutrinas de Augusto Comte, tornou-se um positivista em tempo integral, publicando obras de cunho positivo como: As Três Filosofias; Soluções Positivas da Política Brasileira; Positivismo e

Teologia, que exerceram grande influência nos intelectuais da época. Foi colunista do jornal *A Província de S. Paulo* (hoje, O Estado de S. Paulo), onde sempre se colocou como defensor das doutrinas de Comte e do próprio Comte, combatendo os monarquistas e a igreja veementemente.

Morreu aos 83 anos, em São Paulo, em 11 de janeiro de 1923.

Principais obras:

Teoria das Gastralgias e das Nevroses em Geral
As Três Filosofias
Soluções Positivas da Política Brasileira
Positivismo e Teologia
O Século XX sob o ponto de vista brasileiro

A OBRA

Este volume reúne basicamente trabalhos de Pereira Barreto publicados no jornal *A Província de S. Paulo*. Os primeiros textos foram reunidos pelo próprio Pereira Barreto em um volume lançado na coleção Biblioteca Útil, em que o autor denominou: *Soluções Positivas da Política Brasileira*.

Os artigos são:

A *elegibilidade dos acatólicos e o parecer do Conselho de Estado*, em que critica a presença da Igreja nas políticas de Estado, se opondo à opinião de grandes políticos que consideravam a separação entre as duas instituições "perigosa".

Em a *Grande Naturalização* (a série de artigos seguinte), Pereira Barreto faz uma análise do modelo pensado para o Brasil após sua independência. Ele se debruça sobre questões cruciais na formação do império brasileiro, destrinchando as políticas escolhidas para a edificação da nação; traça um paralelo a política dos Estados Unidos, no que se refere à naturalização dos estrangeiros. O filósofo vai apontando um a um os projetos de progresso que considerava fracassados e responsáveis pela estagnação da nação.

Barreto critica as oligarquias brasileiras por não abrir mão de alguns direitos em prol do desenvolvimento e do progresso. Depois da abolição da escravidão, a negação da cidadania aos colonos europeus que vinham ao Brasil é tratada de forma dura por, tal qual uma escravidão disfarçada: "Mas, o hábito de ter escravos, de procurar escravos para povoar o país, continuou vivaz e arraigado no espírito e nos atos do governo de sua majestade."

Em seguida há um segundo artigo também chamado *A elegibilidade dos acatólicos e o parecer do Conselho de Estado,* em que Pereira

Barreto retorna ao tema. Este, entretanto, não fazia parte da edição de *Soluções Positivas*.

Por fim, há um extenso debate sobre darwinismo e positivismo, deflagrado por um artigo do Reverendo Nash Morton da Igreja Presbiteriana de Campinas, que, para atacar Comte e os positivistas, estranhamente, se baseia em artigos de Thomas Huxley, o lendário buldogue de Darwin. Ao tomar a defesa de Comte, Pereira Barreto faz duras críticas a Huxley. Os darwinistas, por sua vez, respondem aos ataques anonimamente nas páginas do jornal. Os artigos do Reverendo Morton e dos Darwinistas também foram incluídos neste volume.

A edição base para este volume foi retirada do exemplar *Soluções positivas da política brazileira*, da Livraria Popular de 1880, disponível no IEB-USP. Os demais artigos foram obtidos por meio de pesquisas no Acervo do Estado de São Paulo. As pesquisas tiveram com base de comparação o excepcional trabalho do professor Roque Spencer Maciel de Barros na reunião da *Opera Omnia* de Pereira Barreto, que se mostrou uma inestimável fonte de pesquisa.

André Campos Mesquita

Soluções Positivas da Política Brasileira

Prefácio

O título que tomamos para esta série de artigos, que escrevemos para a *Província de São Paulo*, e que hoje reunimos em folheto para a coleção da Biblioteca Útil, não é uma pretensiosa imitação: é simplesmente uma homenagem.

Quisemos pagar a Teófilo Braga o imenso tributo de gratidão que lhe deve a geração que hoje surge nas letras do nosso país.

É minha convicção que as nossas condições políticas e sociais não melhorarão enquanto não tiverem por ponto de partida uma modificação correspondente na situação de Portugal. O fio da história não se rompe. Somos filhos de Portugal: a ela estamos presos por todos os laços indissolúveis de uma lei natural. A fatalidade biológica e o determinismo sociológico dominam toda a nossa história. É em vão que procuraremos esquivar-nos à pressão do passado. Temos sido, somos e seremos portugueses. E todas as vezes que a nossa literatura procurou infringir a lei da descendência, os seus esforços, com raras exceções, só redundaram em uma deplorável aberração do gosto, em uma ofensa a todas as delicadas exigências do sentimento da arte moderna.

É da renovação intelectual, moral e social de Portugal que depende o progresso no Brasil.

Politicamente estamos separados. Mas, em história, o ponto de vista da política é secundário. A separação não suspendeu a lei secreta das afinidades; e a velha metrópole hoje como outrora, conserva a sanção suprema para todos os nossos passos.

Não há nisso motivo para nos vexarmos. Os milagres históricos não se renovam mais. É do refletido e pleno reconhecimento da nossa íntima dependência para com Portugal que poderão emanar as profundas reformas de que precisamos em todas as direções.

Portugal hoje não é Portugal de cinqüenta anos atrás.

E, assim como herdamos todos os vícios e preconceitos dos nossos imediatos predecessores, devemos hoje, com calma e sangue frio, imitar o exemplo dos nossos irmãos d'além-mar, seguindo firmemente a senda que nos traçam.

Durante muito tempo, Portugal tardou-se na trilha da evolução por não se preocupar com o movimento filosófico do norte e centro da Europa. Por nossa vez, temos cometido o mesmo erro, por não querermos ver o movimento que nos deixa a perder de vista na marcha geral das nações. Estamos vivendo na persuasão de que nada temos mais que aprender com Portugal. Nessa cândida persuasão, os nossos velhos políticos se concentram, sonhando paraísos perdidos; ao passo que a nossa mocidade se desfaz em um lirismo vago e sentimental que a entrega desordenada às ciladas de uma esfinge, cujo sopro paralisa espírito e coração.

Entretanto, é nosso dever de patriotas confessar francamente que lá, do outro lado do Atlântico, nessa mesma terra que nos serviu de embrionário berço, existe hoje uma plêiade de homens cuja estatura não encontra entre nós paralelo. Teófilo Braga, Ramalho Ortigão, Felipe Simões, Guerra Junqueiro, G. de Vasconcellos, Eça de Queirós, Antero do Quental, Gomes Leal, Conselheiro Pedroso, Oliveira Martins, Luciano Cordeiro, Júlio de Matos, Adolfo Coelho, Horacio Ferrari, Alexandre da Conceição, Teixeira Bastos, Cândido de Pinho, Ernesto Cabrita, Augusto Rocha, Bittencourt Raposo, Amaral Cirne, Guilherme de Azevedo e tantos outros, são todos nomes que afirmam a autonomia de uma nacionalidade em via de progresso.

É de urgência, em nosso próprio interesse, que entremos em plena comunhão com esses espíritos elevados.

Ao tomar a Teófilo Braga um titulo característico, não tenho outro fito senão abrir o exemplo para a unidade de pensamento.

Unidos no passado, nos uniremos cada vez mais no futuro pelos laços de uma filosofia comum.

Resta-me ainda um tributo a pagar, agradecendo à imprensa do Rio Grande do Sul em geral e à imprensa teuto-brasileira em particular, o honroso acolhimento que deu aos meus artigos. É com vivo estremecimento que aqui assinalo o nome de Carlos von Koseritz, o batalhador infatigável que tem posto ao serviço da pátria adotiva trinta anos de sua vida, consagrando todas as forças do seu talento à defesa dos nossos mais altos interesses intelectuais, morais e sociais, serviços esses que a nova pátria tem pagado com uma iniqüidade legislativa.

Do mesmo modo levanto aqui o nome do ilustrado sr. J. Fronkemberg, o erudito redator do NEUE ZEIT, de S. Leopoldo, a quem os meus artigos devem a honra de uma versão para a língua alemã.

Jacareí, 2 de março de 1880.
Dr. Luís Pereira Barreto.

"A ELEGIBILIDADE DOS ACATÓLICOS E O PARECER DO CONSELHO DE ESTADO"[1]

Há apenas duas semanas, um distinto paulista[*] agitou, pelas colunas da *Província de São Paulo*, a questão de saber-se por que razão os estrangeiros não se naturalizam em maior escala e não se interessam mais ativamente pelo andamento das nossas coisas, das nossas idéias e opiniões.

A questão era por demais palpitante de interesse para ficar sem uma cabal resposta por parte da população estrangeira aqui residente. Foi o que efetivamente teve lugar.

O ilustrado sr. Kuhlmann, representando e condensando os sentimentos e opiniões dos seus compatriotas consangüíneos (o sr. Kuhlmann é hoje cidadão brasileiro), correu pressuroso a responder ao repto, e, nas colunas da *Germânia*, brilhantemente discutiu a magna questão, pondo em todo o seu dia as razões do mistério.

Dos seus magníficos artigos sobressai esta fundamental verdade: que a pequena naturalização não pode satisfazer as aspirações de um espírito nobre e bem formado, porque ela só concede aos estrangeiros o favor "de apanharem do chão as migalhas que caem da mesa da Constituição brasileira".

---

[1] O título deste ensaio é uma afronta ao artigo 141 da Constituição Política do Império do Brasil, de 25 de março de 1824, que continha o seguinte texto: "Os Conselheiros de Estado, antes de tomarem posse, prestarão juramento nas mãos do Imperador de **manter a Religião Católica Apostólica Romana**; observar a Constituição, e às Leis; ser fieis ao Imperador; aconselhá-lo segundo suas consciências, atendendo semente ao bem da Nação."
[*] O dr. J. C. Alves de Lima. (nota de Pereira Barreto)

E, com o mais louvável empenho, em benefício deste pobre país, reclama ele com o máximo vigor a grande naturalização, a abolição da religião do Estado, o casamento civil e a eleição por círculos.

Esta opinião, note-se bem, não é individual, é a de toda a imprensa alemã, do norte ao sul do Império.

Neste momento assistimos no Rio Grande ao mais comovente espetáculo que jamais teve lugar em todo o decurso da história do nosso pensamento. É uma população inteira que aí se levanta como um só homem para endeusar o grande patriota, que, ao cair do poder, soube elevar-se à altura do século, envolvendo-se na bandeira da liberdade de consciência. É indescritível o frenético entusiasmo dessa população pelo homem que primeiro nas regiões oficiais do Império afirmou os direitos do homem e igualdade de direitos entre todos os cidadãos. É belo, é grande, é majestoso esse movimento de entusiasmo; e de cá, da província de São Paulo, não podemos deixar de enviar os nossos mais cordiais protestos de adesão aos rio-grandenses por esse nobre exemplo, que nos forneceu, de uma população inteira possuída de delírio e fascinada por uma idéia generosa.

É precisamente neste mesmo momento que o Conselho de Estado, surdo aos brados da opinião filosófica, indiferente ao movimento das idéias nas camadas mais cultas da sociedade, e emperrado como o imperador Teodósio na manutenção de futilidades teológicas, vem gravemente declarar ao país que não há fundamento para a alteração dos artigos da Constituição relativos à incorporação dos estrangeiros e elegibilidade dos acatólicos!...

É digno de nota que quatro viscondes e o sr. Conselheiro Paulino, que brevemente também será visconde, tomaram parte na conjuração contra a tendência da razão moderna e contra as necessidades mais imperiosas do país.

Todos estes senhores entendem que o catolicismo é a primeira garantia do bem estar do país, e, nesta convicção serena, não sentem o mais leve lampejo de rubor quando ofendem os mais delicados sentimentos de nossa época e asseveram que o estrangeiro que vem ao Brasil só vem com o fim de ganhar dinheiro e mais nada! Segundo esses senhores, o "ganhar a vida" é um alvo mais que suficiente para satisfazer as mais altas aspirações dos estrangeiros, e pouco importa ao país o concurso que esse mesmo estrangeiro nos possa prestar com suas luzes, suas idéias, sua moralidade, sua atividade e sua indústria.

Evidentemente, os senhores conselheiros de Estado são mais teólogos do que patriotas; e, sob a ameaça das penas ideais do inferno, sacrificam sem hesitar os interesses mais vitais do país. Para eles a questão capital é a vida futura e tal qual a entende a Igreja romana. Preocupados com a idéia da salvação da vida de além-túmulo, parece-lhes inteiramente secundário o papel da vida terrestre.

Deixaríamos livre curso a essas idéias se nos viessem elas de bispos ou de quaisquer membros de uma ordem sacra. Não podemos, porém, deixá-las passar sem um enérgico protesto, partindo elas de altos funcionários públicos, que confundem a cadeira de estadistas com o púlpito dos conventos, sem que um prurido de consciência lhes lembre a procedência dos pingues ordenados que percebem e para os quais contribuem as bolsas de todas as cores, os portadores de todas as opiniões.

Este protesto é tanto mais indispensável quanto a nosso ver a opinião pública se acha iludida profundamente sobre o alcance da reforma eleitoral, que ora se nos propõem como uma panacéia para todos os males sociais.

Não podemos por demais insistir sobre a radical insuficiência dessa reforma, que não passa de mais uma grossa mistificação, como tantas outras que a precederam.

Quer se adote o censo alto, quer o baixo, o resultado continuará a ser tão nulo como dantes. A questão não é de *censo*, mas, sim, de *senso*. É o senso, o simples bom senso que nos tem faltado até aqui em todas as coisas; e é por falta dele que vamos perder ainda talvez 50 anos de experiência com uma reforma tão mutilada quão improfícua. A atual reforma eleitoral é uma miragem tanto mais religiosa quanto é respeitável a massa dos espíritos nela empenhados; porque, depois da experiência feita, esses espíritos, hoje válidos, serão inevitavelmente a presa das desilusões inertes e do mais prejudicial ceticismo político.

A robusta fé com que hoje todos os partidos recomendam a eleição direta é altamente lamentável, porque, enquanto perdurar essa fé, as inteligências mais ativas do país estarão desviadas do verdadeiro ponto de vista social, que é: a educação nacional ao nível do século e completa incorporação dos estrangeiros no nosso organismo político.

A grande falha psicológica dos nossos guias da opinião nesta matéria consiste em um vício de lógica, em um estropiamento de método: o mal é de natureza radicalmente social e o remédio que se lhe quer aplicar é pura e exclusivamente político.

Sem dúvida são naturais e recíprocas as reações entre o elemento social e o elemento político; sem dúvida, a fronteira divisória que separa as questões sociais das questões meramente políticas não é precisamente um chanfrado infranqueável; mas, nem por isso é menos certo que essa separação não é arbitrária e está de acordo com as necessidades lógicas e cada vez mais crescentes do espírito científico.

Até os fins do século passado e os princípios deste, era permitido acreditar que todos os males sociais que afligem um país podiam ser sanados por medidas puramente políticas.

O sistema representativo, o sufrágio universal, a fascinante ficção da soberania popular, ainda não tinham passado pelo cadinho da experiência; o entusiasmo das generosas utopias, a ilimitada fé nos entes de razão, a idolatria pelas abstrações personificadas, a profunda emoção pela causa pública, faziam vibrar todos os corações e contrabalançavam satisfatoriamente as deficiências da razão de Estado.

De então para cá, porém, o cenário político modificou-se completamente.

A rude experiência dissolveu todas as construções de fantasia e nos colocou face a face com a realidade da vida social, ante dificuldades de ordem estática e dinâmica, que só poderemos vencer pelo paciente estudo dos fatos e na mais inteira emancipação dos dogmas recebidos.

A experiência que temos hoje do regime parlamentar é amplamente suficiente para nos convencer de que esse sistema é incapaz de cumprir as suas promessas, e que devemos encará-lo como um paliativo apenas, como uma fonte de transição entre o passado e o futuro, um simples elo na cadeia das mutações sociais em caminho para uma organização superior. O verdadeiro, o definitivo remédio é o crescimento da população, a instrução destas pelas ciências positivas, é a sua crescente prosperidade material, preâmbulo normal de seu desenvolvimento moral, é em uma palavra o movimento ascendente da civilização em todos os seus elementos.

Se o problema é difícil e espera ainda por uma solução satisfatória nos países mais adiantados, muito mais grave se torna ele entre nós pelas complicações que lhe trazem os nossos diversos elementos etnológicos, a nossa demografia, a nossa climatologia, a nossa posição geográfica, a nossa higiene, o nosso grau de cultura mental etc, etc. Perante fatores desta ordem o ponto de vista da política é verdadeiramente minúsculo, e é em vão que se tentará ladear as dificuldades, suprimindo-se a face social e moral do problema, para só encarar-se o seu lado político, que é inteiramente secundário.

Qual poderá ser a ação imediata da reforma eleitoral? A eleição direta, dizem os seus melhores apologistas, tem a vantagem de por à margem o grande número dos analfabetos, dos dependentes, dos caipiras e dos imbecis. Por certo, vai nisso alguma vantagem. Os que assim pensam dão prova de que já se acham bastante emancipados da idolatria das ficções e das ingenuidades do regime parlamentar; já duvidam da autenticidade dos dogmas metafísicos, e pouco falta que se convençam de que um dos principais vícios do sistema representativo é a escolha dos superiores pelos inferiores. Este primeiro vislumbre de ceticismo já é um grande passo para a plena aceitação da ciência social como base de uma política fecunda, tão honesta e franca como a ciência donde deriva.

Esse ceticismo já é um sintoma de cansaço e repugnância pelo espetáculo das habituais misérias eleitorais. Nada se pode, de fato, conceber de mais absurdo, de mais imoral, de mais revoltante do que o espetáculo de uma eleição, tal qual é feita por um povo ignorante, pusilânime e corrompido como o nosso. Uma eleição em tais condições é a mais estranha violação de todas as leis do entendimento, é o mais atroz atentado ao senso comum; e é evidentemente de necessidade que envolvamos o quanto antes estas fealdades imorais na mais profunda espessura das sombras da história.

Mas, lucraremos realmente muita coisa ao arredarmos do processo eleitoral o grosso rebanho dos iletrados, dos analfabetos, dos dependentes de toda a sorte? Serão os nossos caipiras os únicos causadores da nossa ruína moral, dos nossos descalabros financeiros e administrativos? Francamente, pela minha parte, não o creio.

O povo miúdo é simplesmente o cego cúmplice dos potentados, letrados e iletrados, que pululam por toda parte e que executam à risca por todo o império as ordens do governo. Muito maior cúmplice é a nossa fidalguia de diplomados e condecorados, de doutores, comendadores, barões e viscondes, com ou sem grandeza, de que hoje regurgitam todas as províncias.

É aqui que está uma das páginas mais escuras do segundo reinado.

Para cercar o trono do necessário prestígio, para realçar o brilho da monarquia, para garantir, sobretudo, a perpetuidade da dinastia, era evidentemente de boa política a criação de uma dedicada aristocracia. Foi o que se fez. E, neste trabalho de consolidação monárquica, foi o imperante tão auxiliado pelos conservadores como pelos liberais. Ambos os partidos trabalharam e trabalham ainda a porfia para dar cada qual maiores e mais vistosas fornadas de agraciados e titulares. Daí a derrama desses recém-possuidores de brasões, que, ano por ano, a cada festa nacional, a cada aniversário natalício de um membro da família reinante, vêm invariavelmente nos encher de estupefação e tomar assento à mesa do banquete imperial. Já não se conta o número dos contentados e muito maior é ainda o número daqueles que restam por contentar. Apenas uma barcada atravessa a baía dos empenhos e aporta à praia das graças, já da margem oposta está mais compacta turma reclamando igual passagem e mesmo porto. Por toda a parte surgem ninhadas de aspirantes às fitas e aos penduricalhos; nas ruas, nas igrejas, nos bares, nos saraus, dominam a vista as deslumbrantes fardas bordadas, os imponentes chapéus armados, os agaloados calções e os áureos fivelões. Estão realizados e excedidos todos os desejos de uma corte segundo o estilo tradicional. A mais cintilante legião de honra circunda os degraus dourados do trono.

Mas, o que convém notar mais particularmente, é que não é só do comércio e da lavoura que se levantam diariamente os novos astros. A própria república das letras não escapou ao contágio e é arrastada pelo mesmo turbilhão, atacada da mesma vertigem e enriquecendo cada dia a órbita imperial com mais uma estrela, com mais um luzeiro.

Jurisconsultos, médicos, engenheiros, representantes do pensamento culto não nutrem senão uma ambição: a de fazer parte do firmamento de São Cristóvão e eclipsar pelo brilho dos bordados o *resto* dos seus concidadãos.

Eclipsar a todos, ser alguma coisa mais, em aparência, do que os outros, eis a incessante preocupação da geração que passa e da geração que surge: a ciência já não é mais um nobre e austero escopo a atingir; a ilustração do espírito, a inteligência ao serviço da pátria e da humanidade, a prática das virtudes cívicas, já não constituem um digno alvo da atividade humana, já não satisfazem as aspirações da mente e do coração: é preciso que em torno do crânio e por fora do tórax fulgurem os símbolos da vaidade cortesã.

É neste abismo de ruína moral que se tem afundado a mais bela nata da nossa sociedade; e é nesta vertiginosa subversão de todas as leis da estabilidade de caráter e do senso moral que somos educados. Não temos os sãos e firmes princípios de uma altiva tradição social; não temos a máscula energia das patrióticas convicções, não temos opiniões fixas, nem dogmas definidos, nem bandeira, nem programa social.

Arredados, portanto, da urna os analfabetos, os pobres iletrados, o que nos resta? Fardões, chapéus armados, e a fumaça do incenso subindo como dantes às regiões do firmamento...

Admitamos, pelo contrário, a grande massa dos estrangeiros a se incorporar na trama íntima do nosso organismo político; concedamo-los plena igualdade de direitos, plena liberdade de consciência, e podemos garantir que dentro de dez anos já a face do país será inteiramente outra.

Não podemos dispensar o concurso dos estrangeiros. Nenhum grande progresso material é possível sem que um grande movimento intelectual o tenha precedido e preparado; e entre nós não terá lugar esse prévio movimento intelectual sem a intervenção do elemento estrangeiro.

Todos, até mesmo o hipercatólico sr. Visconde de Bom-Retiro, contemplam com admiração o extraordinário progresso material, que tem levado no decurso de um século a grande república norte-americana ao mais espantoso grau de prosperidade. Entretanto, poucos são os que se dão ao trabalho de analisar as causas eficientes desse portento, poucos são os que penetram nas condições mentais e morais do povo, que assim se ergue tão pujante, tão gigantesco à nossa vista.

Uns por preguiça de espírito, outros por medo das penas ideais da outra vida ou dominados pela supersticiosa reverência do artigo 5º[2]. da Constituição, não querem reconhecer que todos os segredos da civilização norte-americana consistem simplesmente na liberdade de pensamento e na perfeita igualdade de direitos civis e políticos de todos os habitantes, sejam quais forem as suas crenças, seja qual for a sua primitiva nacionalidade.

---

[2] Segundo o artigo 5º: "A Religião Católica Apostólica Romana continuará a ser a Religião do Império. Todas as outras Religiões serão permitidas com seu culto doméstico, ou particular em casas para isso destinadas, sem forma alguma exterior do Templo."

É só o espírito de tolerância religiosa e filosófica, e só o influxo de generosidade que reina em toda a constituição norte-americana que tem atraído para os Estados Unidos essa intensa corrente de inteligências robustas, de caracteres fortes, de cidadãos ativos, partindo de todos os pontos do velho mundo, onde deixam todos os preconceitos, todos os ressentimentos, para inaugurarem na nova pátria uma nova carreira de trabalho, com o espírito aberto a todas as benéficas influências do progresso das ciências.

Os nossos conselheiros de Estado não são cidadãos do mundo atual, são apenas passageiros de Jerusalém para a imortalidade, e por isso não podem compreender que um estrangeiro protestante ou israelita tenha aspirações intelectuais a realizar, nobres necessidades morais a satisfazer.

Estão fechadas para ele todas as portas da vida social; são-lhe proibidos todos os encantos de uma ativa cooperação no bem comum; a sua fibra moral só pode vibrar sob o material impulso das instigações do estômago... Tais são as conclusões práticas a que conduz a filosofia de palácio. Contra tão tristes e repelentes conclusões é nosso dever protestar, é dever de todos aqueles dentre nós que se acham emancipados das faixas teológicas, e que muito acima dos egoísticos interesses da salvação eterna sabem colocar a salvação terrestre dos interesses intelectuais e morais da pátria e da humanidade.

Os conselheiros de Estado, que lavraram o parecer reacionário, são conservadores e estão de acordo neste ponto com o sr. Sinimbu[3], chefe do gabinete liberal, o qual também julga perigosa a assimilação do elemento estrangeiro e a abolição da religião do Estado.

Não se deve tocar no artigo 5º, diz S. Exa. porque a grande maioria dos brasileiros é católica.

Essa asserção é inteiramente falsa.

Para todos aqueles que sabem deitar um olhar penetrante na intimidade das diferentes camadas sociais e que não se contentam com as exterioridades de convenção, é evidentemente inquestionável que quatro quintos

---

[3] João Lins Vieira Cansansão, o barão e – posteriormente – visconde de Sinimbu, (São Miguel dos Campos, 20 de novembro de 1810 — 27 de dezembro de 1906), político brasileiro, foi presidente das províncias de Alagoas em 1840, Sergipe em 1841, do Rio Grande do Sul de 1852 a 1855 e da Bahia de 1856 a 1858. Entre 5 de janeiro de 1875 e 5 de janeiro de 1878, ocupou o cargo de Primeiro-Ministro do Brasil.

da nossa população se compõem de fetichistas[4] e politeístas, e que apenas um quinto, *cuja grande maioria se compõe de deístas*[5], está reservado aos verdadeiros católicos.

S. Exa. não tem tido tempo talvez para ilustrar o seu espírito no manejo das questões filosóficas. Por fatalidade, porém, não se pode ser chefe político, diretor do Estado, sem se estar senhor do terreno filosófico em suas mais intrincadas minudências. Se S. Exa. se estivesse ocupado com grande antecedência destes estudos, se em seu espírito admitisse entrada a um pouco de antropologia nacional, conheceria hoje muito melhor a situação mental do país e perceberia claramente que nenhum país melhor do que este se presta a manipulações desta natureza.

A reforma entre nós pode operar-se sem o menor abalo, porque o número de verdadeiros católicos é limitadíssimo. A maior parte dos que pretendem sê-lo não são senão puros deístas, tão passíveis das fogueiras do *Syllabus* como os positivistas, os ateus etc.

O nosso clero é quase em sua totalidade deísta; toda a nossa Câmara atual, inclusive o sr. Sinimbu, é deísta; quase todo o Senado é deísta; o ensino oficial da filosofia nas academias de São Paulo, de Pernambuco, dos liceus, nos colégios, é exclusivamente deísta; é em uma palavra o puro deísmo que domina em todas as camadas mais cultas da nossa sociedade.

São inteiramente sem valor todos e quaisquer protestos em contrário. O diagnóstico diferencial dos diversos modos de ser do espírito constitui uma das mais sólidas bases da ciência positiva, e nenhuma vontade humana pode inverter a ordem das classificações instituídas. Um ou outro mais audaz que se levanta contra a hierarquia do pensamento sistematizado, não consegue, como acaba de acontecer em pleno parlamento ao dr. Bezerra de Menezes,

---

[4] Fetichismo é, grosso modo, o culto de objetos que supostamente representam entidades sobrenaturais e divindades. Prática presente, inclusive, em várias religiões cristãs. Entretanto o conceito que Pereira Barreto parece usar para o termo é o consagrado por Charles de Brosses em 1757, quando comparou os cultos do oeste africano na ocasião à religião do antigo Egito, usando essa comparação para explicar o conceito que criara de evolução das religiões. Ele propunha que o fetichismo era a forma mais primitiva de religião.

[5] Crença ou postura "filosófico-religiosa" na qual se admite a existência de uma divindade criadora, mas se recusa a idéia de revelação divina. Para um deísta, a razão é a única forma de garantir a existência de um Deus, desse modo, e por isso recusa toda e qualquer forma de o ensinamento de dogmas, testemunhos de fé ou milagres. Deus, segundo essa postura, só se revela por meio da ciência.

senão revelar a sua profunda ignorância nesta matéria, pretextando-se perfeito católico e patenteando entretanto todos os sintomas de um apurado deísta.

Se descermos agora às camadas incultas da nossa sociedade, as quais constituem com segurança quatro quintos da população, reconhecemos evidentemente que desse lado não pode haver a menor resistência contra a reforma.

Excluída desses quatro quintos a população escrava que é totalmente fetichista, não obstante o rótulo católico que a cobre, resta-nos uma grande fração que vive engolfada no mais profundo politeísmo primitivo. Para esta a reforma passará completamente despercebida, porque não toca absolutamente em uma só de suas crenças fundamentais, as quais continuarão a viver por muito tempo ao lado da liberdade de consciência, do mesmo modo que tem vivido até hoje ao lado do catolicismo oficial, cuja existência lhe é inteiramente indiferente.

No conflito epíscopo-maçônico tivemos ocasião de assistir a uma magnífica experiência psicológica, do mais subido alcance, pelas provas que nos fornece da veracidade do nosso acerto. Aí vimos os bispos, os príncipes da nossa igreja, trazidos à barra do tribunal, processados, condenados e condenados tumultuadamente, contra todas as regras da equidade – sem que, entretanto, de um só canto do império o povo se movesse ou promovesse ao menos um pronunciamento a seu favor. O povo conservou-se de braços cruzados, na mais glacial atitude, simplesmente por uma razão: é que a pessoa dos bispos lhe é inteiramente indiferente. Outro teria sido o procedimento popular na Espanha.

Mesmo entre nós, o procedimento teria sido bem diverso, se o sr. Rio Branco, em vez de ferir a pessoa dos bispos, tivesse por acaso ferido qualquer dos objetos da adoração de nossa população politeísta. Tocasse ele, por exemplo, na Senhora da Aparecida, na Senhora dos Remédios ou na Senhora das Dores, e aí teríamos por toda a parte as mais sangrentas sedições. Os próprios bispos não possuem o prestígio necessário para introduzirem a menor modificação nos usos admitidos pelo povo no que diz respeito ao culto de qualquer santo. Ainda há pouco, asseveram-nos pessoas fidedignas, o atual diocesano desta província, inspirando-se nas idéias mais elevadas do catolicismo, tentou substituir a imagem da Senhora da Aparecida por outra mais de acordo com o decoro artístico dos nossos dias: o seu sermão neste sentido não produziu senão a mais desagradável impressão em todo o seu auditório, e forçoso foi ser prudente e deixar as coisas no *status quo*. O resultado não podia ser naturalmente outro; porquanto, o ilustrado pregador, agitando concepções da mais alta esfera católica, achava-se colocado em um terreno por demais fora do alcance das fracas forças mentais do seu auditório politeísta. O que se passou aqui em ponto pequeno, é o que passa em grande por toda a parte relativamente à coexistência do catolicismo com as outras formas religiosas do pensamento popular. Do catolicismo não aparece senão o exterior, a pompa do culto externo, sob o qual vive o politeísmo, não como parasita, mas sim como alimentador vital da doutrina que o move.

E, em geral todas as populações, de origem neolatina, não são senão nominalmente católicas na atualidade, e a razão é óbvia: se a população se ilustra, passa ao deísmo; se se ilustra mais fortemente, sobe a um grau mais alto da hierarquia e cai em qualquer das formas do pensamento científico, ateísmo, materialismo, darwinismo, positivismo etc., etc.; se não se ilustra bastante, pára no paganismo, ou desce mesmo às profundidades do fetichismo; e desta sorte, quase nenhum terreno sobra para o genuíno catolicismo.

Ora, se esta é a verdade da situação; se esta é a legítima interpretação dos fatos da nossa mentalidade, não podemos absolutamente compreender a razão do perigo, que o sr. presidente do conselho enxerga nas reformas pedidas.

E, entretanto, o sr. Sinimbu continua a fazer sentir ao país, por intermédio do orçamento chinês, que nós precisamos de braços! Mas, serão braços sem cabeça? E até quando continuaremos neste jogo irracional e desairoso, procurando à custa de pesadas somas atrair a emigração às nossas praias e ao mesmo tempo repelindo brutalmente os estrangeiros que nos procuram? Eis já mais de meio século que estamos a oferecer ao mundo pomos de ouro, quebrando, entretanto, as pernas àqueles que tentam colhê-los.

Isto evidentemente não é de uma política séria; isto não pode continuar indefinidamente.

É preciso que saibamos todos querer uma nacionalidade grande e poderosa no futuro, muito embora seja ela o produto da fusão de todos os sangues, de todas as raças.

Não devemos perder de vista que nós mesmos não somos, sobre a terra brasileira, senão estrangeiros aqui domiciliados de mais longa data; somos portugueses pelo sangue e o seremos ainda por muitos séculos, pela educação e pelas tradições. Com a reforma proposta não fazemos mais do que estender às outras nações o direito que nos coube por mera eventualidade.

O que devemos, sobretudo, recear e evitar é a imobilidade, de que nos ameaça a religião do Estado, e o isolamento do concerto geral das nações, de que nos ameaça a inelegibilidade dos acatólicos.

Jacareí, 25 de outubro de 1879[6].

---

[6] O artigo foi publicado em 29 de outubro do mesmo ano.

A GRANDE NATURALIZAÇÃO[7]

I
ORDEM E PROGRESSO

Uma situação qualquer, diz Comte, em um momento qualquer da história, é sempre o resultado de tudo quanto a precedeu.

Esta máxima fundamental da filosofia positiva, fonte abundante de toda a sorte de sugestões práticas para as combinações políticas, se aplica a qualquer país, a qualquer agregado, a qualquer fase de uma civilização, independentemente de toda a consideração de raça, de clima, de religião ou de aspecto geral da natureza.

Ao mesmo tempo serve ela de guia seguro na aplicação do método científico às investigações sociológicas.

A Província de São Paulo tentando, há pouco, aferir a nossa crise política atual pelos antecedentes históricos do partido liberal, que condensa por

---
[7] Para se entender este ensaio, faz-se necessário conhecer o texto da lei que regulamentava a cidadania brasileira na Constituição de 1824: TITULO 2º – Dos Cidadãos Brasileiros. Art. 6. São Cidadãos Brasileiros: I. Os que no Brasil tiverem nascido, quer sejam ingênuos, ou libertos, ainda que o pai seja estrangeiro, uma vez que este não resida por serviço de sua Nação. II. Os filhos de pai brasileiro, e os ilegítimos de mãe brasileira, nascidos em país estrangeiro, que vierem estabelecer domicilio no Império. III. Os filhos de pai brasileiro, que estivesse em país estrangeiro em serviço do Império, embora eles não venham estabelecer domicilio no Brasil. IV. Todos os nascidos em Portugal, e suas Possessões, que sendo já residentes no Brasil na época, em que se proclamou a Independência nas Províncias, onde habitavam, aderiram à esta expressa, ou tacitamente pela continuação da sua residência. V. Os estrangeiros naturalizados, qualquer que seja a sua Religião. A Lei determinará as qualidades precisas, para se obter Carta de naturalização.

assim dizer todo o nosso passado, no que ele apresenta de mais glorioso, procurou colocar a questão neste terreno elevado, o único compatível com as exigências do espírito científico moderno.

Era um campo magnífico para se travar a luta. Aí desapareceriam as personalidades, para só se encontrarem frente a frente os princípios. Podia ter havido erro no manejo do processo, podia haver falta de justeza nas apreciações, podia haver excessiva severidade de juízo em um ponto, excesso de benevolência em outros.

Mas, todos estes defeitos – na hipótese que tais defeitos existissem – não constituíam um motivo plausível para se condenar o próprio método e se envenenar as conclusões. Se erros houve, era fácil aos adversários retificá-los, não invocando argumentos de ordem extracientífica ou motivos pessoais, que nada têm que ver com a questão, mas pondo em jogo as mesmas armas, invocando o mesmo método, dando a palavra aos mesmos fatos e fazendo surgir do meio das falsificações, reais ou supostas, a nua verdade histórica.

Infelizmente, a tentativa frustrou-se; e o grande debate teria facilmente degenerado em uma deplorável polêmica pessoal, se a *Província* não tivesse tido a prudência de abster-se de represálias sistemáticas, ante a violência de linguagem de um dos principais órgãos da imprensa governista, linguagem que, só por exceção e por curtos intervalos, se tem ouvido nesta província.

Os artigos que vamos submeter à consideração do público, põem em circulação algumas duras verdades de filosofia política, que com facilidade podem provocar nos arraiais oficiais uma viva reação.

Entretanto, não entra absolutamente em nossos planos a provocação de conflitos deste gênero. Se há um assunto, em que menos cabimento pode ter a polêmica, é por certo o da grande naturalização. Não a desejamos, portanto; antes, sinceramente, a receamos.

Só desejamos, sim, que pessoas mais hábeis se ocupem do mesmo assunto e o elucidem em todas as suas faces e no mesmo sentido favorável.

No momento em que Portugal tomou posse efetiva do Brasil, a unidade de pensamento, estabelecida pela ação do catolicismo, achava-se irrevogavelmente rompida na Europa. A ordem moral achava-se profundamente abalada. As contínuas revoltas contra a autoridade da igreja, as incessantes heresias, a invasão crescente do espírito revolucionário da reforma, as sangrentas repressões, o estabelecimento dos queimadeiros inquisitoriais, tudo indicava que se fechava um mundo antigo e que um novo se abria, inaugurado pelas primeiras descobertas das ciências físicas. Era geral o cansaço pela antiga doutrina, que impunha a obediência passiva, a humildade e a privação de todos os gozos terrestres, como condição da salvação eterna. As primeiras conquistas da ciência faziam pressentir um futuro mais risonho e mais humano. Entretanto, essas primeiras aquisições científicas, bastante eficazes para arruinar a fé, eram por demais limitadas para constituir um corpo de doutrina, que pudesse substituir vantajosamente a antiga. Não se acreditava mais nos velhos dogmas, mas ninguém se achava em estado de conceber e pôr outros no lugar. Estava irreparavelmente aluído o edifício católico-feudal, mas faltavam completamente os materiais para a construção da nova obra. Achavam-se, por conseqüência, todos os espíritos fora de equilíbrio, sem ponderação.

Nessa fronteira divisória, entre um antigo sistema de crenças, que se desmorona, e um outro, que apenas surge, destituído de bases mentais, o perigo é grande para a balança das funções cerebrais. Os organismos coletivos como os indivíduos, podem passar de um extremo ao outro. Da excessiva atividade intelectual, sob forma de fervor religioso, podem cair na mais completa apatia mental. Em lugar da progressão histórica, vemos então uma regressão.

A dissolução dos costumes e a desorganização moral vêm tomar o lugar da antiga síntese.

Os povos mais novos, aqueles que apareceram mais tarde na cena da história, e, talvez por esse motivo, como que dotados de uma maior reserva de energia, atravessaram incólumes essa fase de perigo e fizeram redundar em benefício do progresso os destroços da antiga mentalidade.

Nesse caso então os alemães, os francos, os anglo-saxões.

O mesmo não aconteceu com as raças mais mescladas de sangue romano, cuja economia mental havia sido mais profundamente abalada pelas sucessivas mutações do pensamento. Nessas, e, sobretudo, em Portugal, o efeito do último golpe foi o de uma verdadeira concussão cerebral. O principal sintoma diagnóstico da concussão cerebral é, em medicina legal, a perda da memória, o hiato entre o presente e o passado, o completo esquecimento de tudo quanto precedeu a situação atual.[8]

Ora, em história, nenhum país apresenta mais acentuado este sintoma característico da perda da filiação dos antecedentes do que Portugal, no momento em que se resolveu a tirar partido efetivo do imenso território, que a sorte acabava de lhe confiar.

Não foi o desinteressado e puro zelo pela propaganda da fé cristã, nem o altruístico empenho em concitar os aborígines a tomar assento à mesa do festim da civilização, que o moveram a expedir para cá as primeiras turmas de povoadores: não, o que o instigou, foi tão somente o prospecto das nossas minas de ouro, de que tanto precisava a corte portuguesa, para dourar novos pecados e resgatar os antigos mediante devotas doações. Os primeiros povoadores – nossos gloriosos átavos – foram galés[9], calcetas[10], relapsos de justiça de toda espécie.

E é bom não perdermos de vista este detalhe da nossa árvore genealógica, bem como não devemos esquecer que jamais entrou nas vistas de Portugal a fundação entre nós de uma séria agricultura.

Mais tarde, a coisa andou um pouco melhor: capitães-mores de fardão, cintilantes vice-reis, vieram sucessivamente enobrecer este receptáculo de réprobos.

Mais tarde ainda, o próprio rei em pessoa aqui apareceu.

---

[8] Esta é uma análise essencialmente positivista. Pereira Barreto compara um evento social a um evento patológico.
[9] Criminoso condenado a trabalhos forçados a bordo dos navios com esse nome.
[10] Criminoso condenado à pena de trabalhos forçados.

II
Ordem e progresso

Vinha el-rei rodeado de toda a sua corte, trazendo uma enorme bagagem, onde figuravam com grande sobressalência baús com bulas e caixas com santos.

Tanto o rei como a corte chegavam com terebrante apetite e grande necessidade de refocilação. As fadigas da longa viagem, as cruciantes emoções da fuga, sucedendo ao pânico produzido pela presença de Junot[11] em Portugal, reagiam com toda a força da matéria a favor das expansões sardanapalescas[12]. Durante os primeiros tempos, o país só percebeu a presença da monarquia pela alta nos mercados de comestíveis e pelo clangor das festas congratulatórias. Era a supremacia do instinto de conservação material em consciências fartas de missas, mas faltas de toda a noção do dever moral a cumprir. E assim, o júbilo foi grande e prolongado.

Entretanto, uma coisa destoava no meio da geral satisfação: é que a realidade do Eldorado não correspondia à expectativa; o ouro das nossas minas não se derramava nas mãos de el-rei com a profusão sonhada no outro lado do Atlântico.

Era preciso esporear este país, era preciso revolver as suas entranhas, espremer todas as montanhas, para com o produto da sucção tapar os profundos buracos do real erário. Para isto era indispensável gente, muita gente e de bem musculados braços. Mas, aonde ir buscá-la? Em Portugal?

---

[11] Jean-Andoche Junot, Duque de Abrantes (Bussy-le-Grand, França, 23 de outubro de 1771 – Montbard, França, 29 de julho de 1813), general francês, que sob as ordens de Napoleão comandou as tropas francesas que invadiram Portugal, tomando Lisboa.
[12] No original: *sardanapálicas*, adjetivo depreciativo usado para nomear indivíduos glutões e efeminados.

Não se podia seriamente pensar nisso: toda a população de Portugal era insuficiente para ocupar a área de uma só das nossas menores províncias.

Recorrer aos holandeses, aos franceses? A isso se opunha o ciúme da avareza ignorante e ainda mais o ódio resultante de um recente passado. Aos ingleses? Estes, na verdade, se achavam em uma situação mais favorável: acabavam de arrancar a mãe pátria às garras do grande capitão corso e faziam a el-rei mil pequenos favores, forneciam-lhe conselhos gratuitos e algum dinheiro a prêmio honesto. Entretanto, a cordialidade não era completa. A corte da Bahia, e, posteriormente, a do Rio de Janeiro, não via com bons olhos a preponderância inglesa: a abertura de alguns portos do Brasil ao comércio estrangeiro, a liberdade de exploração de algumas minas de sal e outros pequenos vislumbres de indústria autóctone pareciam-lhe exigências impertinentes, concessões fatais, que só um amigo pérfido poderia aconselhar. É preciso não esquecer que nesse bom tempo todos os dogmas fundamentais da economia política moderna eram considerado heresias tão perversas como os de liberdade de pensamento, liberdade de consciência e liberdade de culto.

Ao passo que a diplomacia inglesa forcejava por fazer triunfar a tendência moderna, a corte de el-rei dava tratos à imaginação para descobrir uma chave do seu cunho para a solução do problema.

Os dedicados servidores olharam para a África.

Lá estava a chave.

As colméias africanas passaram-se para as nossas plagas. Enxames sobre enxames desbravaram as nossas matas, fundaram os primeiros núcleos agrícolas e produziram um princípio de riqueza. Com esta surgiram novos horizontes, despontaram germes de emancipação, e alguns espíritos mais ousados sonhavam independência.

Fez-se, de fato, a independência, e, logo após, foi proclamada a carta constitucional. Para se poder bem compreender esta fábrica política, convoluto de idéias adiantadas e de princípios retrógrados, verdadeiro misto de carolice e de impiedade, é preciso não perdermos de vista a situação social de onde surgiu.

Como no paralelogramo das forças, esta obra é a resultante de duas tendências contrárias e incompatíveis: a da retrogradação, personifica-da no espírito português, e a da progressão natural, influenciada pelas idéias de 89 e secundada pela ação da diplomacia inglesa. Foi um produto híbrido, imposto pela habilidade diplomática aos impotentes representantes do passado.

Como todo o produto híbrido, esta obra estava condenada a não dar frutos.

Mas, como os efeitos de qualquer combinação política, em virtude da complicação natural dos fenômenos sociais, só se tornam perceptíveis e acentuados no fim de algumas gerações, ninguém suspeitou, durante muito tempo da fragilidade inerente à obra. Houve mesmo por ela, a princípio, grande entusiasmo e muito bons brasileiros acreditaram sinceramente na sua eficácia.

Na situação de espírito, em que se achavam esses nossos avós, era de fato difícil dominar todos os pontos de vista e abraçar de um só golpe todas as conseqüências.

Senhores absolutos de um imenso e admirável território, onde se encontram grandes rios, grandes minas, todos os climas, todos os recursos; garantidos em seu domínio pelo apoio moral de uma grande nação; contando com o fecundo e inexaurível ventre da África para o fornecimento de milhares de máquinas humanas para a pacífica exploração das riquezas do solo; secundados pela intensa energia da fé católica, que impõe às máquinas humanas a resignação como a primeira das virtudes sociais; circundados, em uma palavra, de todas as vantagens materiais de uma bela posição geográfica, não podiam absolutamente descortinar no horizonte os pontos negros do fundo do quadro.

Com tão magnífico ponto de partida, a prosperidade, a grandeza, a força nacional deviam necessariamente apresentar-se a seus olhos como a única perspectiva possível.

Assim como certas tribos atardadas depositam no túmulo de seus mortos iguarias e relíquias, na persuasão de que esses pios objetos serão agradáveis aos queridos manes[13], assim os nossos avós, dominados por um longo passado de egoísmo, identificados e formando uma só peça com o espírito retrógrado de Portugal, depuseram no berço da nossa história política a instituição da escravidão, na cândida persuasão de que, assim procedendo, faziam obra útil e agradável a nós, seus prediletos netos.

---

[13] Almas deificadas de ancestrais falecidos para os romanos antigos.

Baldado esforço de paternal piedade.

As iguarias apodrecem ao lado dos manes: nós apodrecemos no meio da escravidão. Fomos nós os sacrificados. O que parecia um elemento de vida tornou-se um elemento de morte. O que parecia uma instituição normal e justa tornou-se com o tempo uma obra apenas justificável como expediente de momento.

Falharam todos os cálculos dos nossos bons avós; o problema do povoamento continua de pé; a escravidão e o catolicismo (que para o espírito é uma outra forma de escravidão), impediram a imigração; o país continua deserto; não conseguimos aclimar entre nós o trabalho e a indústria; e, afinal, flutuávamos indecisos entre duas correntes, quando nosso monarca, em um momento de despeito, rompeu bruscamente com as tradições, e colocou-nos sobre a ponta de um rochedo no meio do grande mar do desconhecido, sem querer nos conceder, por caridade ao menos, os meios de sairmos airosamente dessa singular e perigosa posição.

Não contestaremos ao sr. Dom Pedro II a grandeza do seu ideal nem a nobreza de suas intenções.

Folgamos, pelo contrário, em idear que sua majestade possa um dia, com todo o vigor que o espírito do século inspira, dar uma cabal e franca resposta, quando os manes de seu augusto avô por acaso lhe perguntem: "Que é da chave que vos dei para guardar?".

III
ORDEM E PROGRESSO

Esse passo do sr. Dom Pedro II foi incontestavelmente um grande progresso perante o século, perante a moral social em contínua contradição histórica com a moral revelada.

O progresso, porém, não se improvisa.

Não se rompe impunemente com o passado.

Se assim não fora, sua majestade não se acharia a esta hora à frente da monarquia e ocuparia, quando muito, o lugar de presidente da república brasileira.

E, seja dito de passagem, o espírito público está muito mais preparado para esta inversão de papéis do que pensa talvez sua majestade e seu próprio governo, anestesiados pelo contínuo incenso de uma imprensa fanatizada e superficial.

As leis que regem a marcha dos fenômenos sociais e econômicos não se subordinam aos caprichos de uma vontade, nem mesmo quando essa vontade é entre os humanos sagrada e inviolável.

Não se destrói senão aquilo que se pode substituir, ensina a filosofia positiva, e toda a reforma radical e imediata é necessariamente contraditória, e, por conseqüência, nociva. Assim é porque uma mutação social qualquer supõe uma série de antecedentes que a preparam. No caso vertente a reforma foi contraditória e nociva, porque a Constituição não nos deu os meios de prepará-la; e, não tendo nós tido meios de prepará-la, achamo-nos hoje impossibilitados de substituir uma instituição que sua majestade destruiu pela raiz.

Os nossos avós, fundadores da pátria, estavam no seu papel, foram lógicos quando elaboravam a Constituição. Contavam certo com a permanência indefinida da escravidão; nem de leve suspeitavam que a pressão das nações civilizadas a pudesse um dia extinguir; e, nessa convicção de ânimo, puderam muito razoavelmente dispensar o concurso do estrangeiro.

No fabrico do novo império, o ponto de vista, que preponderava, era o do interesse, em primeiro lugar de uma casa, de uma família; e, em segundo, de uma pequena raça, de um punhado de indivíduos favorecidos pelo acaso. Encarada desse ponto de vista, a grande naturalização não podia evidentemente apresentar-se senão como um elemento perturbador. Foi, portanto, rejeitada. É um fato que se deve deplorar, mas que não se pode denegrir em demasia, visto a soma de antecedentes que pesavam contra a sua adoção. O critério histórico é relativo às épocas e às circunstâncias. Outros tempos, outra moral.

Mui diversa era a situação feita pelo tempo a Sua Majestade, o sr. Dom Pedro II; mui diverso o ponto de vista de nossa época; e, por conseqüência, mui diversas deveriam ter sido as precauções a tomar, se queria deveras que a história lhe concedesse um lugar de honra ao lado dos grandes homens de estado, de Frederico, o grande, por exemplo.

Sua Majestade arrancou uma das pedras angulares do edifício legado por seus avós, deixou-o suspenso no ar em um dos ângulos; e, quando hoje receosos de uma ruína iminente, pedimos que nos conceda a permissão para colocar ali uma escora, grita-nos o sr. Sinimbu: *ainda não é tempo*.

Tivemos assim o progresso sem a ordem; tivemos o exemplo do espírito revolucionário partindo do alto, sem as medidas suplementares que deviam contrabalançar os inconvenientes de uma aplicação intempestiva. Desta sorte, vamos viver por alguns anos com o resto das forças de trabalho, que nos legou o passado, e, esgotadas estas, entraremos em liquidação forçada.

Se tivéssemos tido, ao menos, a consciente firmeza de caráter, ao darmos ao mundo este belo exemplo de abnegação, a história poderia afirmar aos nossos vindouros que nos suicidamos por uma idéia. A nossa queda poderia então figurar como uma reabilitação. Seria nobre, seria um fato de marcar época. Isto não acontecerá, entretanto.

Em primeiro lugar, não há exemplo, na história, de um povo que quebra gratuitamente os instrumentos de trabalho, que tinha nas mãos, sem possuir os meios de obter outros, superiores ou iguais, que substituam os primitivos.
Nesse sentido o nosso sacrifício perde de merecimento pela leviandade. Desaparece a generosidade do impulso ante a irreflexão do capricho.
Em segundo lugar, não houve sinceridade no sacrifício: não houve aquela largueza de vistas generosas, quando perante o mundo exibimos o pomposo espetáculo de abnegação.

O governo de sua majestade continuou a mesma estreiteza de vistas em tudo quanto diz respeito à política internacional, ao direito das gentes, o mesmo acanhado programa, o mesmo espírito de egoísmo e de improbidade para com o estrangeiro que do tempo de Dom João VI.

Um estadista notável e de boa fé, o sr. Visconde do Rio Branco, estancou a fonte da escravidão.

Mas, o hábito de ter escravos, de procurar escravos para povoar o país, continuou vivaz e arraigado no espírito e nos atos do governo de sua majestade.

A *vis a tergo* das tradições é que continua a mover toda a nossa política. Não somos nós que governamos, são os mortos, são os nossos antepassados, esses contemporâneos de uma fase social, em que a palavra *estrangeiro* era sinônimo de inimigo (*hostis*)[14]. Não é o espírito do século que determina a nossa conduta; é a sombra de um tenebroso passado.

Desistimos do escravo preto, mas queremos o escravo branco sob o nome mais eufônico de *colono*; e Sua Majestade está na dianteira dos que nadam nas impuras águas desta corrente. Com um simples eufemismo de linguagem acreditamos poder alterar a natureza das coisas e continuar o antigo sistema de espoliação.

Por todos os meios temos procurado atrair os emigrantes às nossas praias.

Em desespero de causa, temos atirado o nosso ouro aos montes, para captá-los. Mas, eles passam de lado, indiferentes ao nosso engodo, e vão para os Estados Unidos, para a Nova Holanda, para a Austrália, para a Índia, para as Repúblicas da Prata; vão para onde os respectivos governos

---

[14] O substantivo *hostis* em latin servia para designar o estrangeiro, forasteiro; inimigo na guerra, enquanto o termo *inimicus* designava o inimigo público.

não lhes oferecem dinheiro, mas oferecem-lhes simplesmente o título de cidadãos. Justa e tremenda punição para a maldita veleidade de querer resolver problemas, em que entram fatores da mais alta esfera moral, pelo exclusivo cálculo de mesquinhos interesses materiais.

Depois da lei de emancipação do ventre proletário, parecia que íamos entrar de cheio em uma nova fase política e social e desenrolar um vasto programa de medidas liberais marcadas ao cunho das generosas inspirações. Perfeito engano! Foi então que se revelou em todo o seu dia a desnaturada tendência da nossa governança, e que se tornou bem patente a conformação teratológica do nosso organismo político.

Os nossos avós se haviam dirigido à África; o primeiro gabinete liberal deste último decênio se dirigiu à China.

Este passo não político, este erro palmar, tem para a história uma alta importância: a expedição à China significa a tenaz repugnância que reina nas regiões oficiais pela civilização européia.

Não somos infensos aos chineses, como não somos infensos a nação alguma.

Admiramos antes essa civilização imponente surgida do seio de uma longa elaboração de princípios puramente humanos, sem a mais leve intervenção de revelações divinas ou outras quaisquer manifestações da agência sobrenatural.

Admiramos profundamente o espírito eminentemente positivo desse povo ativo, inteligente e afeito aos mais árduos problemas da indústria pacífica.

Não, não é por isso que condenamos a missão à China. Condenamo-la sim, não só porque não temos um único antecedente histórico, que permita uma perfeita fusão de sangue, de interesses e de idéias, mas, sobretudo, porque entra nessa tentativa um pensamento oculto inconfessável, o da exploração mercantil de um povo laborioso, que se reputa *excelente* como instrumento de trabalho, mas que se considera *inferior* por não ter sido batizado! – Não somos contra a China: somos, sim, e seremos sempre contra todo o plano de colonização, em que entre um cálculo de traição contra quaisquer de nossos hóspedes.

O que queremos acima de tudo, é que se reconheça os direitos do homem; o que pedimos: é a nobilitação do trabalho.

Sua Majestade e o seu governo ainda a esta hora não compreenderam que os interesses puramente materiais são antes mais próprios para desunir do que para unir, para repelir do que para atrair. E, se temos hoje, não obstante as funestas disposições da nossa afonsina legislação, algumas prósperas colônias, o devemos não somente às vantagens excepcionais do país, mas sobretudo ao grande espírito de tolerância e de fraternização do nosso povo, muito mais adiantado neste ponto do que todos os nossos governos constitucionais. O instinto popular sobrepujou de muito a sabedoria de sua majestade e a de seus sete ministros, e, se lhe fosse facultada a opção, hoje mesmo seriam cidadãos brasileiros todos os estrangeiros aqui residentes.

IV
ORDEM E PROGRESSO

A obra da nossa constituição estava condenada a permanecer estéril por dois defeitos capitais: a consagração da religião católica como religião do estado e origem exclusiva de todos os direitos políticos, e a recusa absoluta aos estrangeiros do direito aos altos cargos políticos.

As condições de formação do estado brasileiro afastaram-se completamente das que presidiram na evolução histórica à constituição dos outros estados.

Não se tratava aqui de organizar politicamente uma população pré-existente, já formada.

As diversas tribos selvagens aqui encontradas não entravam absolutamente em linha de conta; ninguém se preocupava com a sua sorte, antes o seu extermínio estava na opinião geral.

Tratava-se, por conseqüência, da criação de uma população. Ora, para os espíritos menos aguçados é evidente que a formação deste novo estado não podia ser modelada segundo o tipo dos antigos reinos. A história antiga nenhuma solução aproveitável podia nos oferecer; aqui a **embriologia social** era inteiramente especial; tudo era novo, tudo estava por fazer segundo as indicações terminantes da novidade da situação, das circunstâncias presentes.

Mas, se não encontrávamos modelo conveniente na história antiga, tínhamos em compensação o exemplo recente de um país surgido e formado das mesmas emergências, das mesmas circunstâncias, e que, no momento da nossa independência, já atraía sobre si a atenção do mundo civilizado. Os Estados Unidos da América aí estavam para nos guiar com o seu exemplo e a sua experiência e não era difícil abstrair da forma republicana para com ele aprendermos os meios de nos obter o elemento para nós capital – população.

Entretanto, os nossos fundadores da pátria não puderam efetuar essa abstração: preferiram o velho e conhecido molde português, e é desse molde que saiu o império nascente, desfigurado e trôpego, um verdadeiro aleijão.

O império trazia estampadas na fronte duas insensatas utopias: vinha com pretensão a grande estado, sem promover população, e apresentava-se paladino do catolicismo, já então caduco, exausto e repudiado na Europa.

Destas duas arrancadas de patriótica vaidade, é difícil dizer-se qual a mais funesta ou a mais extravagante. Qualquer delas era suficiente para comprometer a estabilidade do edifício, que se supunha poder desafiar as tormentas sociais e as sanhas do tempo. Venturosos sonhos, felizes devaneios.

Os pios patriarcas, elaboradores da Constituição, pretenderam acorrentar no regaço da igreja romana todas as futuras gerações de brasileiros.

Era um mundo cor de rosa esse que se lhes antojava no futuro: a África aos nossos pés; todos os esplendores e gozos materiais da terra afluindo ao nosso encontro; a paz segura; a consciência serena; além o céu, a imortalidade!...

Por desgraça, porém, não contaram como toda a traiçoeira agudeza do dente do tempo, com o determinismo da evolução histórica, que impiedosamente deviam reduzir a retalhos o seráfico programa e as atraentes perspectivas.

Não foi preciso, de fato, muito tempo e todo o cenário se sombreou.

As leis naturais, que presidem à marcha do espírito humano, seguiram indomitamente seu curso; a sociedade caminhou, impelida a princípio pelas afagantes sonegações metafísicas do deísmo, e em seguida pelas concepções positivas da ciência; o Deus concreto e pessoal da teologia, o Deus de Abraão e de Jacob, o Deus dos nossos avós e da nossa Constituição, dissolveu-se pouco a pouco e desapareceu afinal da cena mental do país, para ceder o lugar ao Deus abstrato e impessoal da metafísica, ao Deus dos maçons, mais conforme as exigências da moda, Deus cavalheiro e perfeito *gentleman*. E é este o Deus que hoje governa soberano o espírito e o coração das camadas mais cultas da nossa sociedade; e é este o único Deus, que o ensino oficial recomenda e proclama nas nossas academias. Nem o governo, nem o conselho de estado, nem a princípio os próprios bispos, nem padres, nem professores perceberam o gradual desaparecimento do Deus nacional do altar que os nossos avós haviam levantado no artigo 5º da constituição. Todos, todos se embriagaram na fonte deísta; tudo, tudo contaminou-se, tudo transviou-se ao ponto de hoje parecer o *Syllabus*, esse código indispensável do bom católico, um livro extravagante mesmo àqueles que se apresentam como estrênuos defensores da nossa defunta constituição.

Todos, cegamente, de mãos dadas, concorreram para esse desfecho.

Desmantelou-se irremediavelmente a veneranda obra dos nossos avós; solapou-se o edifício pela base; da religiosa obra não resta senão um montão de ruínas; e o art. 5o. da constituição hoje apenas atesta que este país outrora foi romano. É apenas um triste nicho vazio, uma simples relíquia arqueológica, que despertará na história a curiosidade dos nossos pósteros. A fé está morta; a constituição está ab-rogada *de fato*, e não foi preciso a convocação de uma assembléia constituinte para epitafiar o seu pensamento... Foi a obra de uma simples lei natural atuando de manso, sem eleições nem parlamentos.

Em um artigo precedente, aplicando os dados da filosofia positiva ao diagnóstico das diferentes formas do pensamento religiosos entre nós, procuramos demonstrar que, desde há muito, deixamos de ser católicos, que a grande massa do nosso povo nem mesmo cristã é, e que só por um vasto sistema de mistificações é que os nossos altos poderes públicos conseguem a um tempo iludir o passado, falsear o presente e trair o futuro.

Não voltaremos mais aqui sobre a confirmação desta verdade, cujas provas superabundam, sendo fácil a qualquer encontrá-las por toda parte. Apontaremos apenas dois fatos significativos, que resumem a nossa longa série de mistificações e põem em relevo a pasmosa incoerência dos nossos principais estadistas e outros representantes oficiais do espírito da constituição.

O sr. Conselheiro Paulino, que, ainda recentemente, fazendo parte do conselho de estado, deu conscienciosamente, religiosamente, patriotica- mente, seu honesto voto contra os acatólicos, é o mesmo homem que, quando ministro do império, não experimentou o menor escrúpulo em adotar oficialmente para os exames da instrução pública um pequeno livro, que tem por título *Select Passages of Prose and Poetry*, from Lingard, Macaulay and Milton.

Nada temos a dizer, sob o ponto de vista puramente literário, contra o critério que presidiu à escolha dos diversos trechos desses três grandes escritores; aplaudimos antes o bom gosto e o tacto do compilador.

Mas, acontece que, entre os diversos excertos de Macaulay, encontram-se alguns com alusões tais, com tais confrontos entre o protestantismo e o catolicismo, que o mais ingênuo ou boçal examinando não pode deixar de vexar-se da religião oficial do seu país e sentir uma irresistível simpatia pela igreja protestante.

O nobre ministro, amante da boa literatura, e empenhado pelo progresso mental de seus jovens patrícios, esqueceu-se do ponto capital: que neste país a religião católica é religião de estado, e que o nosso código criminal pune com a pena de um a quinze meses de ergástulo todos aqueles que dirigem ou promovem ofensa à religião do estado...

Perguntaremos agora: Quando é que o sr. Paulino foi sincero? Quando adotou o ímpio livrinho ou quando desfechou sua implacável bola negra contra os inofensivos acatólicos, cujo crime único é ver claro no meio das trevas gerais?!...

E, entretanto, o sr. Paulino é um homem de bem.

Honorable are they all, diz Shakespeare pela boca de Marco Antônio.

Os nossos bispos não sabem inglês... acrescenta a nossa atilada mocidade acadêmica.

E é assim que se insinua a serpente sob a doce relva constitucional...

O outro fato refere-se à academia de São Paulo. Temos aqui o tão estimável quão católico sr. Benevides, proprietário da cadeira de direito natural, o único membro do corpo docente que expõe ao seu auditório doutrinas irrepreensivelmente constitucionais e ortodoxas sobre jurisprudência. É o único que não trai o posto de confiança, que lhe confere a constituição.

Quereis saber o que acontece? É mal visto pelos seus colegas, e até por seus jovens discípulos. E, ao passo que o sr. Benevides se impopulariza, dirigindo epístolas aos gentios, exercendo escrupulosamente a sua missão evangelizadora, o bom sr. Conselheiro Martim Francisco, proprietário da cadeira de direito eclesiástico, se recomenda à popularidade acadêmica declarando-se abertamente em oposição aos dogmas oficiais e pedindo a separação da Igreja do Estado, o casamento civil, a elegibilidade dos acatólicos, etc., etc.

O que se passa em São Paulo, é o que se passa em todas as nossas faculdades, sem falar na nossa eminente Escola Politécnica, onde o ensino é francamente ateu. Em todos estes estabelecimentos de instrução superior nem de nome se conhece a religião do estado.

Se encararmos este movimento de emancipação pelo lado da imprensa, o resultado ainda é mais surpreendente. Em primeiro lugar, o que mais salta aos olhos é o insignificantíssimo número de órgãos católicos[15], entre nós e o número ainda mais insignificante de leitores para eles. Em segundo lugar, é o desalinho dogmático com que se apresentam em público: dizem-se católicos, mas é em vão que se procura neles um só traço do estilo e do espírito do catolicismo.

Pretendem levantar a fé teológica, mas de fato só pregam doutrinas do mais puro deísmo. Lançam o anátema sobre os livres pensadores, mas, entre tanto, escrevem, pensam, argumentam, discutem como perfeitos deístas, e não compreendem absolutamente que o pecado de deísmo é perante a igreja tão irremível como o de materialismo ou o de ateísmo. É de suspeitar-se que nenhum deles jamais leu o Tratado do *Papa*, de De Maistre, ou as obras de Boussuet: de outro modo não se compreende a indisciplina mental e o completo esquecimento das tradições eclesiásticas, de que dão prova a cada linha, a cada frase, a cada palavra de seus editoriais.

E, se se quer uma última prova e mais esmagadora que todas, entre-se em casa de um qualquer dos atuais campeões do ultramontanismo e verifique-se o efetivo de sua biblioteca: pode-se de antemão apostar 99 contra um que aí não se encontra um só dos monumentos do catolicismo: nem Santo Agostinho, nem S.Tomás de Aquino; nem S.Bernardo, nem S.Tomás A'Kempis, nem Santo Anselmo aí figuram. Podemos asseverar com toda a segurança que, hoje, os únicos homens, que se ocupam seriamente do estudo do catolicismo, são os acatólicos. Parece paradoxo, mas é a pura verdade. O chamado partido ultramontano não é mais do que um pequeno partido político.

---

[15] Em todo o império existem apenas quatro folhas católicas.

A instrução, que hoje recebem os seminaristas, é de tal modo eivada de ontologia e de filosofemas espúrios, que os nossos padres não podem compreender o motivo nem a importância do *Syllabus*, desse seu primeiro código de consciência, ao qual não é possível negar-se um grande valor relativo, como resumo admirável do verdadeiro espírito da igreja e da mais pura filosofia teológica.

Mas, se esta é a nossa verdadeira situação; se é fato público e notório que a religião católica deixou efetivamente de existir para nós, para que então a conservamos hipocritamente no *papel* da constituição? Qual a vantagem de termos sido educados e de continuarmos a educar os nossos filhos neste sistema de hipocrisia permanente? Qual a utilidade política ou outra desse espantalho de religião de estado, que já não espanta mais ninguém, e que nem ao menos serviu para nos garantir contra a invasão dos cáftens, contra a onda crescente da prostituição?! Sejamos francos.

Nunca é tarde para se começar a ser honesto, para se render culto à verdade e se romper com o hábito da mentira. É preciso que o estado dê o exemplo da cívica lealdade e se subordine à lei comum.

V
ORDEM E PROGRESSO

O catolicismo oficial e um patriotismo feroz detiveram durante muito tempo a marcha da nossa evolução social.

O efeito da religião do estado foi para nós puramente negativo: só serviu para fazer a fortuna dos Estados Unidos, inclinando para lá o grosso da corrente emigratória, ao mesmo tempo em que dentro do país esterilizava todos os germes da ciência importada e impedia o aparecimento de um só brasileiro notável, quer em matemáticas, quer em astronomia, quer em física, quer em química, quer em biologia.

Em triste compensação, de envolta com o descabelado espírito de nativismo, imprimia na nossa literatura um caráter de depravada languidez, ao mesmo tempo que preparava em política o campo para o reinado dos pedantes.

E, coisa singular, as mais desabridas contradições aninhavam-se perfeitamente no intelecto da nossa geração passada e aí se consorciavam para produzir o fetichico amor ao solo com o estremecido amor a Cristo. Em todas as esferas é notável a tendência para as transações; por toda a parte nos aparecem os frutos do hibridismo, do casamento da nossa política com o catolicismo romano.

Um ilustre papa, Alexandre III, havia abolido a escravidão. Sem embargo da fé jurada, sem espinhos na consciência, os nossos pais a restabeleceram.

A religião de Cristo prega a abstenção, a desaderência às mundanas coisas: os nossos pais nos ensinaram a idolatrar o pátrio solo, a disputá-lo aos nossos hóspedes. O catolicismo significa universalidade, aspiração ao bem comum: nós nos concentramos, nos isolamos, nos cindimos de todo o movimento geral.

Procuramos em tudo andar a dois veículos. Pretendemos segurar o mundo sem perder o céu.

É desse hibridismo impossível que provém a exigüidade de todos os nossos sucessos, na literatura e na ciência, na indústria e nas artes, na diplomacia e na política. É daí que procede esse mórbido e monstruoso ideal, que nos conduziu à poetização dos bugres, aos romances sobre bugres, às estátuas com bugres e aos idílios aos sabiás. Foi bebendo nessa fonte que nos corrompemos; foi em virtude desse ponto de partida contra a natureza que todos os nossos esforços redundaram em uma pura degenerescência dos elementos de força, que a civilização do século punha à nossa disposição, e que tão vantajosamente poderíamos ter utilizado, se tivéssemos, desde cedo, modelado a nossa mente sobre um tipo mais normal e mais perfeito.

Foi um funesto e deplorável passo esse que deram os nossos avós, quando, ao elaborar a Constituição, não se aproveitaram do augusto exemplo da constituição norte-americana, franqueando as portas da pátria a todas as nações, a todos os dogmas, a todas as opiniões.

Era então o propício momento para recomendar o país nascente ao mundo civilizado, para dar-lhe por padrinho o másculo espírito do século, para cercá-lo de simpatias, para lançá-lo na torrente das idéias gerais e determinar, enfim, para as nossas plagas a corrente da emigração.

Devia saltar aos olhos que o povoamento de um tão extenso território, como o nosso, não podia ser a obra de um dia, mas sim de um longo século. Era preciso, por conseqüência, que os fundadores da pátria tivessem começado por lançar as bases de uma vasta e fecunda sociabilidade, atirando a mãos cheias no nosso solo as sementes das grandes criações, concedendo, sem reserva, indistintamente, a todos os estrangeiros a grande naturalização, a fim de que hoje, meio século depois da independência, pudessem aparecer os primeiros benéficos efeitos dessas combinações salutares.

Não o tendo feito, legaram-nos todas as dificuldades da obra, todo o amargor de uma custosa obra a começar, quando já temos contra nós o odioso resultante de um ponto de partida não político, o descrédito e o desdém provocados pelo nosso longo isolamento do movimento geral de todo o continente americano.

E, entretanto, quando se trata hoje de por mãos à obra, quando tentamos apagar uma das mais feias máculas da nossa história, brada o sr. Sinimbu: *ainda não é tempo! É perigosa a incorporação dos estrangeiros...*

E, entretanto, o chefe de um gabinete liberal proclama em face da história do futuro que ainda é cedo para se fazer aquilo por onde devêramos ter começado!...

Cinqüenta anos de erro, cinqüenta preciosos anos de uma experiência negativa, ainda não são suficientes para abrir os olhos à S. Exa. e chamá-lo à reflexão!...

O sr. Presidente do conselho julga ainda inoportuna uma medida, que a mais superficial contemplação dos interesses presentes e futuros da pátria nos indica e impõe como a base irrecusável do nosso engrandecimento, como a garantia suprema da nossa ordem e do nosso progresso, como o mais sagrado dentre os nossos mais sacrossantos deveres! E o nosso partido liberal, silencioso e triste como uma esfinge guardiã dos sepulcros dos Faraós, o acompanha e o apóia tacitamente, esse nosso partido liberal que subiu ao poder saudado por todos os corações generosos do país, aclamado por todos os espíritos elevados, que nele viam a concentração de todas as idéias adiantadas, adquiridas pela evolução deste último decênio! As mais belas e legítimas esperanças não duraram senão o espaço de uma manhã; todas as expectativas de um *Brasil novo*, de uma nova era, desapareceram uma a uma antes do ocaso da situação e, hoje, em torno do ministério só reina o vácuo, o mais perfeito vácuo...

Quando toda a nossa geração atual estiver deitada no túmulo e que a história pátria se erguer insuspeita, para pronunciar seu veredicto sobre os nossos partidos contemporâneos, dirá por certo que os conservadores, na sua passagem pelo poder, traçaram um profundo e luminoso sulco sobre suas páginas, com a humanitária lei do ventre livre. Da fiel balança histórica, porém, é impossível que não desça a concha liberal sob o peso desta medonha palavra: - *Incapacidade*! Incapacidade, porque não sabem discernir o ponto essencial da situação, e reputam inoportunas todas as grandes reformas urgentemente reclamadas pelo bem do país; Incapacidade, porque, colocados em condições de poderem dar satisfação a todas as grandes aspirações, não permitem ao país pagar sua dívida de honra para com o século e a civilização; Incapacidade, porque exaurem toda a sua energia a correr após o puro fantasma, atrás de uma miserável reforma eleitoral, em cuja eficácia nenhum homem sensato crê, quando sucedendo ao domínio que proclamou livre o ventre proletário, o mais elementar tino político lhe impunha, como condição de existência, a obrigação de hastearem perante o país uma bandeira ainda mais radical; Incapacidade, enfim, porque dão a essa ineficaz reforma o feticheco alcunho de *Idéia-mãe*, quando, por excessiva concessão, lhe poderíamos apenas permitir o de *idéia-neta*...

A reforma do sr. Rio Branco foi profunda, justa, mas unilateral; só se dirigiu a um dos nossos elementos etnológicos; só reabilitou o sangue africano; só reparou uma injustiça social para com uma raça.

Aos liberais cabia a gloriosa tarefa de reabilitar todas as raças, de nobilitar a convergência de todos os esforços a reparar todas as injustiças sociais. Era seu dever de honra apagar da nossa Constituição o odioso artigo 5º, esse nefando artigo, que escandaliza a consciência moderna, nos coloca em uma condição de inferioridade mental e moral, que não merecemos, perante o conceito das outras nações, e que não simboliza, em definitivo, senão uma colossal mentira perante todos aqueles que conhecem a fundo a verdadeira estrutura do pensamento religioso entre nós.

VI
ORDEM E PROGRESSO

Feita a parte de justiça à população africana, pago ao século e ao país pelos conservadores este tributo de humanidade, parecia que um justo estímulo partidário inspiraria ao governo liberal um fecundo sentimento de equidade, e que desse sentimento resultaria o nobre empenho de colocar sobre o mesmo pé de igualdade todas as populações estrangeiras aqui domiciliadas.

À grande população alemã, com especialidade, era seu dever supremo dar plena e cabal reparação.

População grande e nossa amiga, raça superior a todos os respeitos, era do nosso máximo interesse atraí-la e incorporá-la intimamente no nosso organismo político, recebendo-a no nosso seio não com a mal cabida veleidade de reputarmos este passo como um favor a ela feito, mas com a convicção calma e refletida de que é uma subida honra, que nos faz essa população, em aceitar a nossa nacionalidade, vinculando no solo brasileiro seu espírito, seu coração e seu sangue – esse generoso sangue que já regou os campos do Prata em defesa desses mesmos *Dii Penates*, que hoje lhe impõem uma abjuração de consciência como condição da berganha, em que lhe cedemos uma parte do culto ao nosso pitoresco manto imperial! Longe disso, o sr. Sinimbu reputa perigosa a assimilação do elemento estrangeiro, temendo a preponderância desse elemento nos futuros destinos da pátria!...

No seu pensar, a grande naturalização trará como grave e funesta conseqüência a suplantação e a absorção total do elemento nacional pelo elemento estrangeiro.

Mas, oh! Deuses Penates! Onde está esse elemento genuinamente nacional, por cujos destinos Sua Exa. tanto se apavora?! Pois, não somos filhos de portugueses, não temos sido até aqui portugueses, e não continuaremos ainda a sê-lo por longos séculos?! Grande e louvável razão de ser teriam as apreensões de Sua Exa., se se referissem elas à sorte dos tupis, dos tapuios e dos botocudos. Esses, sim, são brasileiros, puro sangue, enquanto a nossa pré-história não mostrar o contrário.

Quanto à nós, hoje exclusivos proprietários deste vasto território, não somos senão um mero prolongamento de uma pequena nação, de sangue neolatino, já bem fraca, pobre e exausta quando dela nos desprendemos. E, se com tão modesta origem, temos ainda assim transporte de patriótico orgulho, é evidente que os nossos pósteros, com muito mais justo fundamento, poderão se orgulhar de descenderem do tronco luso-brasileiro, regenerado e rejuvenescido pela forte seiva alemã.

Com a emancipação do ventre proletário, de um lado, e, de outro, com a permanência do absurdo espírito da nossa malfadada constituição, dá-se entre nós o mais singular dos fenômenos sociais, de que jamais a história tenha feito menção. Os filhos de ventre escravo, os descendentes de sangue cabinda ou Moçambique, serão cidadãos brasileiros e gozarão em toda a sua plenitude dos direitos civis e políticos; ao passo que os descendentes da nobre raça germânica, ou mesmo os brasileiros natos, que não aderirem ao credo católico, continuarão postos à margem, sem saberem precisamente a que nacionalidade pertencem, acampados apenas no país e não tendo outro nexo com a vida política dos seus irmãos a não ser aquele que lhes marca o fisco, sempre solícito a lembrar-lhes que são matéria de imposto, criaturas talháveis e tosquiáveis.

Matéria de imposto – *matière corvéable*, como diziam os guindados legistas da corte de Luiz XIV – eis a extraordinária anomalia de uma situação feita por nossa pia constituição a um grande grupo de cidadãos, entre os quais se contam vultos de primeira ordem, espíritos dos mais lúcidos e adiantados do país! Para um monstruoso fato desta ordem não há comentário possível. É bastante apontá-lo para pôr em relevo a enormidade da cegueira e a criminosa deslealdade de todos esses homens de estado, que, no fastígio do poder, não trepidam em convulsionar o país inteiro, de confederação com a imoralidade, a violência e a fraude, quando se trata de ganhar uma eleição e de imprimir no parlamento, sua obra, a marca da unidade de pensamento; mas, que, entretanto, em face de um grande bem a fazer e de uma iníqua injustiça a reparar, só patenteiam a habilidade da covardia sofística, inventando mil argúcias, forjando mil sutilezas, para chegarem a esta pasmosa conclusão: que a reforma pedida é inoportuna!...

Inoportuna! Quando a reforma pedida nada mais significa que a consagração de um princípio adquirido pelo labor destes últimos cinco séculos, princípio que j;á circula no sangue de toda a nossa geração que é um dogma fundamental da consciência moderna, e cuja aceitação plena e franca importaria para nós na investidura de um lugar de honra no conserto geral das nações civilizadas.

Uma gélida horripilação nos percorre os nervos ao referir que sete ministros liberais, condensando todas as aspirações do partido liberal, dispondo da passividade da câmara e do apoio discricionário da coroa, se confessam, entretanto, impotentes para a prática do menor benefício e só desenvolvem força e poder para personificar o domínio do *infortúnio*, como se um novo deus *Fatum* regesse os destinos da nação! Dir-se-ia que a fatalidade é realmente o mais poderoso dos nossos agentes políticos.

Toda a nossa história é uma contínua série de desastres. Só temos tido energia para o mal; só temos tido fraqueza e relutância para o bem.

Expulsamos os holandeses, que nos traziam a liberdade de consciência, dogma que vale tanto como a descoberta do novo mundo; expulsamos os franceses, que nos traziam seu gênio, sua língua e seus hábitos policiados; e continuamos ainda hoje a expelir do nosso seio, pela força brutal de uma legislação equivocada do século, a essa massa de estrangeiros, que nos honram com sua presença, e cuja mais efetiva cooperação na gestão da coisa pública tão grandes e benéficos resultados poderia nos trazer.

Expulsamos a todo o mundo; nos primamos orgulhosamente do concurso de todas as forças de progresso, que a civilização nos oferece; e, entretanto, pedimos humildemente, sem pejo, à Prússia que nos proteja com seus canhões Krupp contra as ameaças dos nossos vizinhos do Prata; pedimos à Inglaterra protestante o seu dinheiro; pedimos aos Estados Unidos as suas estampas – com alegorias monárquicas (!) – do nosso papel moeda; pedimos à Bélgica os seus nikels, a Portugal os seus figos e as suas ordenações; à França os seus livros, e à China os seus *coolies*! Não precisamos da intervenção do elemento estrangeiro... e, entretanto, não temos ciência, não temos artes, não temos indústria, não temos uma só dessas poderosas agências, que constituem o orgulho e o principal caráter do século em que vivemos! Com todo o aprumo da vaidade ignorante um primeiro ministro nega a necessidade da assimilação do elemento estrangeiro: e, entretanto, o público que contempla esse grande homem, está vendo que o pano e os bordados da sua farda são de *Lion*; as suas elegantes botinas de *Méllié*; as suas macias luvas de *Jouvin*; o seu chapéu armado de *Nickmilder*; os seus calções de *Verviers*; e, enfim, que o próprio estilo do seu discurso vem da fábrica parlamentar do reinado de Luiz Felipe ou Carlos X!...

Na sua própria pessoa está escrita a história antecipada da *revolução do vintém*; o seu próprio vestuário é um documento importante para a história da nossa economia política; é uma grande revelação para todos aqueles que não sabem ainda que este país, sem artes e sem indústria, tudo importa do estrangeiro; que nestas condições os impostos indiretos são os únicos a empregar; que deste longo emprego resulta o desábito pelos impostos diretos; e daí o perigo, mormente, quando ao hábito rompido se ajunta qualquer outra causa de desgosto.

VII
ORDEM E PROGRESSO

É tal a inclemência do nosso deus *Fatum* que as nossas coisas mais sérias, os nossos mais sérios interesses estão entregues às soluções do acaso e do infortúnio.

Começamos a nossa independência por uma farsa da família reinante, servindo-lhe de teatro o campo do Ipiranga.

Havemos de acabar enterrando a nossa Independência pela ininterrupta farsa dos nossos estadistas, que, privando o país dos mais indispensáveis alimentos, hão de entregá-lo, humilhado e vencido, nos campos do Prata ou no vale do Amazonas, à primeira turma de empreendedores que queiram se aproveitar da nossa inépcia e da nossa fraqueza.

A guerra do Paraguai teve por origem uma série de desastres da nossa diplomacia; e essa mesma guerra trouxe-nos, como conseqüência, um desastre financeiro.

Se nos sobrevier uma nova guerra, não nos resta outra coisa a fazer senão cruzar os braços e nos rendermos à discrição.

Não podemos contar mais hoje com o apoio decisivo do Rio Grande, cujas disposições de ânimo nos poderão ser antes fatais.

O coração dessa nobre província já não nos pertence: nós alienamos suas simpatias; e nesses bravos peitos de guerreiros sangra hoje dolorosa a ferida que aí traçou a intriga liberal. Fomos ingratos, fomos ineptos, e os rio-grandenses hoje nos medem do alto da sua altivez com toda a razão ofendida.

Não podemos mais contar com o entusiasmo intenso, que fez surgir da terra miríades de jovens heróis, que foram derramar seu generoso sangue nos charcos do Paraguai.

Esse entusiasmo não se renovará mais! Por outro lado, ao passo que as nossas províncias do norte se empobrecem e se liquidam, como quem só procura desfrutar a última hora da vida, sem esperança do dia seguinte, a Colômbia cogita uma revisão de fronteiras e os norte-americanos fundam nas margens do Amazonas sólidos estabelecimentos comerciais, magnífico e certeiro ponto de partida para um futuro golpe de mão.

O exemplo da Índia Inglesa é tentador.

E, aqui como acolá, a única resistência a encontrar é a que vem do nosso longo passado de incúria e de imprevisão.

E, digâmo-lo sem rebuço e sem receio da pecha de impatriotismo, esse prospecto de uma futura dominação americana não nos assusta, antes a saudamos de pleno coração.

Se temos sido até aqui reconhecidamente incapazes de utilizar os grandes dotes, que a natureza derramou em profusão no nosso solo, tenhamos ao menos a coragem de, em nome do futuro e da humanidade em geral, entregar esses dotes a mais hábeis mãos, que os possam aproveitar.

Em definitiva, a questão se resume em saber se devemos preferir a sujeição pela força, depois de consumada a humilhação, ou se devemos desde já procurar conjurar o desastre do amor próprio, encaminhando em vantagem da pátria a corrente da força invasora, assimilando-a, modelando-a, fusionando-a no ideal de um interesse comum.

Enquanto governo, parlamento e conselho de estado dormem e sonham venturas, tranqüilos e seguros da proteção da Divina Providência, é preciso que se saiba claramente que este vasto império tende a cair por seu próprio peso, desmembrado ao norte, esfacelado ao sul e mutilado ao poente A geração atual não verá provavelmente este desfecho, mas os nossos netos o verão com certeza. Estamos entregues aos azares da luta pela existência: a lei suprema desta luta é que os mais fracos cedem o campo aos mais fortes.

Nós somos os mais fracos: teremos de sucumbir totalmente ou teremos de transigir com o nativismo, proclamando a grande naturalização como a medida salvadora.

O nosso papel de estado tem sido até aqui o de um fazendeiro vaidoso, sonhador e parvo, que, possuindo imensas terras, mas endividado até os ossos, não tem a coragem de uma amputação honrosa, cedendo-as à parceria ou vendendo delas uma parte, para pagar suas dívidas e reaver sua independência.

Para o caso do fazendeiro, o desfecho é a penhora; para o do estado, será a anexação. Em ambos os casos, a causa da ruína é a inépcia.

Para o que nos tem servido a posse de tão extenso território? Quanto nos custa a província de Mato Grosso, por exemplo? Qual a compensação próxima ou remota que daí se espera? Não é precisamente desta enorme *grandeza* que provém a nossa fraqueza? Como poderão ser bastante fortes os laços sociais entre populações tão remotas, tão estranhas umas às outras? Qual o brasileiro em que o patriotismo já foi assás enérgico para movê-lo a visitar todas as províncias do seu país?! E não seria muito mais moral e justo que tanta terra desocupada estivesse entregue a uma ativa exploração, para o grande bem da humanidade? O sr. Sinimbu teve, um dia, um raio de divino bom senso.

Foi quando procurou refrear a desbragada sofreguidão dos seus correligionários do Norte pela viação férrea do remoto interior.

S. Exa. demonstrou, então, com profundo discernimento a insensatez desses projetos de internação, em busca de mesquinhas populações disseminadas, e procurou convencer aos nobres deputados que haveria antes vantagem em remover as populações do interior para o litoral, única região por enquanto apta para a locomoção a vapor.

É a única boa verdade que produziu o gabinete 5 de janeiro.

Mas, por que não levou S. Exa. o seu raciocínio às últimas conseqüências e não demonstrou ao mesmo tempo a colossal insensatez da política inaugurada por nossos patriarcas e seguida piamente por todos os sucessivos governos, inclusive o 5 de janeiro, e tendente toda ela a por em prática os meios mais próprios para embargar a imigração?! O seu discurso desse dia memorável é dos que vão para o Panteon da nossa história; nele está implicitamente contida uma inconsciente, mas solene confissão: é que possuímos um imenso território, mas... nos falta capacidade para promover sua ocupação!...

Em outros termos, o governo apalpa o mal; mas, em vez de aplicar-lhe o único remédio eficaz, que a ciência indica, refugia-se em um desolador *Non possumus*! – *Sed quia non possumus*? É do *status quo* que depende a sorte da monarquia? Se assim é, o dever e a honra exigem que a monarquia se imole pela salvação da pátria. Não pode haver pátria grande e forte sem a grande naturalização.

Terminamos por hoje aqui este trabalho.

O leitor terá notado que não levantamos da questão senão o seu lado puramente moral; não invocamos senão a justiça social, e deixamos completamente na sombra a consideração das vantagens materiais.

Ao terminar pedimos que cada um concorra com o tributo de sua reflexão para preencher as lacunas de uma tão rápida exposição.

Jacareí, 28 de fevereiro de 1880.
Luís Pereira Barreto

Outros artigos
A elegibilidade dos acatólicos e o parecer do Conselho de Estado[16]

Acabávamos apenas de assinar o nosso artigo de ontem, quando nos veio às mãos o bem elaborado ofício do exímio. sr. Dom Macedo, bispo do Pará, dirigido ao presidente dessa província. Esse distinto prelado, que como brasileiros devemos todos respeitar e admirar pelos nobres exemplos, que nos tem dado, da coragem de suas convicções, da firmeza de sua abnegação sob o martírio de uma condenação injusta, ímpia e antifilosófica, mas sobretudo pela sua incontestável erudição, protesta energicamente contra a leviana participação oficial do governo em uma festa, que a Igreja considera radicalmente ofensiva aos seus dogmas.

Esse natural documento é a mais conspícua confirmação das visitas que expusemos, sobre a situação mental e religiosa do nosso povo em massa, e ao mesmo tempo uma brilhante revelação da profunda mistificação em que têm vivido até aqui governo, povo, clero e Constituição do Estado.

O artigo 5º da Constituição – de tão momentosa importância segundo o parecer do Conselho de Estado – está, desde há longos anos, abolido de fato.

E, o que é mais notável é que tem sido o próprio governo quem tem desfechado contra ele os golpes mais mortais.

Se até aqui a abolição efetiva do artigo 5º tem passado desapercebida, é este singular fato devido unicamente à ignorância dos nossos antigos diocesanos, que, mais comodistas do que ilustrados teólogos, não per-

---
[16] Artigo publicado em 30 de outubro de 1879, *não consta da edição de 1880 de'"As Soluções Positivas da Política Brasileira ".*

cebiam de todo a transformação do ambiente espiritual, que se operava sob sua direção.

Escapou-lhes inteiramente o terreno debaixo dos pés, sem, nem de leve, terem consciência quer da espessa atmosfera pagã, que os circundava, quer das ondas cada vez mais crescentes do espírito metafísico, que, sob a forma de manso deísmo, invadiu pouco a pouco todas as camadas mais cultas da sociedade, avassalando governo, deputados, senadores, professores públicos, funcionários de todas as categorias, câmaras municipais, academias, etc, etc, todos os supostos órgãos e apoios da constituição do império, em uma palavra.

Hoje aparecem prelados distintos, moços corajosos, perfeitamente adestrados no manejo das disciplinas eclesiásticas, intimamente familiarizados com as mais sutis interpretações da ortodoxia católica; e, como o caminho, que trilha a sociedade lhes parece com toda a razão um desvio da senda católica, fulminam com todo o vigor crenças espúrias e adventícias. Daí a grita contra eles! daí esse movimento sem nome de irmandades sacrílegas, de corporações maçônicas a se socorrer de um governo de deístas contra os dignos prelados, que não fazem mais do que cumprir um dever indeclinável! Em suas inflexíveis imposições os nossos bispos prestam-nos um imenso serviço, obrigando cada um a refletir e reconhecer o seu lugar. Ao exigir deles uma modificação disciplinar, a sociedade não sabe realmente o que pede: essa modificação é uma monstruosa impossibilidade religiosa e filosófica. A igreja não pode reformar-se, porque reformar-se seria suicidar-se.

Os bispos estão em seu papel, em suas mais legítimas atribuições. É o governo e é a sociedade que estão em um terreno falso, pela ignorância em que vivem dos dogmas religiosos e das mais elementares questões filosóficas.

Seja-se deísta, ou seja-se ateu; mas, que se o seja com pleno conhecimento de causa.

Grande serviço poderia ter prestado ao país a nossa maçonaria, na sua polêmica contra os bispos se, em vez do caráter híbrido de suas expansões teólogo- metafísicas, tivesse francamente hasteado a bandeira do livre pensamento.

Era seu dever erguer-se em face do Syllabus e em face do país para definir-se desassombradamente e afirmar-se potência incompatível com a potência da igreja, como o tem feito a maçonaria de todos os outros países. Não tendo, porém, ela até aqui entrado no âmago da questão; tendo deixado completamente de lado a questão dos princípios, para só se interessar em um perpétuo ataque contra as pessoas, o seu papel tem sido nulo, e o conflito religioso continua de pé, esperando pela batalha decisiva, que só poderá ter lugar quando se travar francamente a luta no verdadeiro terreno filosófico, que é o da teologia contra a metafísica, do catolicismo contra o deísmo.

Abstração feita dos fins a atingir em um outro campo, é inquestionável que em toda esta polêmica os bispos têm revelado muito mais erudição técnica, muito mais pleno conhecimento do assunto, do que os seus adversários. Eles ao menos sabem o que querem; definem-se claramente e delimitam magistralmente a esfera da doutrina, que sustentam; ao passo que os maçons-deístas sem o saber – têm representado continuamente um papel ambíguo e contraditório, verdadeiro misto de carolice e de impiedade, ora agarrando-se com incrível pertinácia à opa e ao círio, ora arremessando os mais sangrentos dardos contra a pessoa dos bispos.

Para a ciência positiva, que encara todas as coisas com imparcialidade e sangue frio, todo esse ruidoso conflito não tem senão uma significação: é que no Brasil a grande massa dos espíritos ativos já não é mais católica e que o artigo 5o. da Constituição não tem hoje senão uma importância puramente histórica.

Daí, resulta, como corolário, que já desapareceu a razão do Estado, que negava aos estrangeiros e aos católicos a igualdade de direitos e a elegibilidade ao parlamento.

Antes de terminar, cumpro um dever de justiça, declarando que dois conselheiros de Estado, os srs. José Pedro Dias de Carvalho e Joaquim Raimundo de Lamare, votaram a favor dos estrangeiros e dos acatólicos.

POSITIVISMO

A estrela de M. Auguste Comte, cadente no outro hemisfério, vai-se tornando ascendente nesta parte do globo. Sinto profundamente ver em um jornal tão conceituado como *A Provincia* tantos apologistas das idéias daquele assim chamado filósofo.

Sinto ver as doutrinas errôneas e maléficas anunciadas como um novo evangelho, – as idéias, já batidas, pregadas como inegáveis, e o próprio Comte tido como um apóstolo que há de regenerar o mundo.

Como pessoa que se interessa muito pela educação e pelo verdadeiro progresso deste país, peço lugar na *Provincia* para dizer algumas coisas a respeito do filósofo francês e de sua filosofia.

Não tenho tempo, agora, para entrar em uma análise rigorosa de seu sistema. Comprometo-me a mais tarde fazê-lo. Mas, agora, limito-me a apresentar algumas observações mais ligeiras para prevenir o público de que o célebre Auguste Comte não é um infalível, a quem se possa seguir com os olhos vendados.

Não digo que nada escrevesse que mereça nossa atenção. Um homem que escreveu tanto como Comte, se não tivesse dado à luz nenhuma idéia boa, seria verdadeiramente um tolo. Mas quero mostrar que ele não serve de guia nas grandes questões da ciência e da vida – que a tendência de sua filosofia é para esmagar toda a liberdade humana – e que hoje ele não representa as idéias dos homens científicos, nem tão pouco dos mais adiantados livre pensadores.

NÃO SERVE DE GUIA

Comte começou sua carreira pública como discípulo e defensor de um charlatão na ciência do socialismo e um entusiasta louco, Saint-Simon.

Saint-Simon, depois de muitas aventuras, dedicou-se ao que ele chamava a "Reforma físico-política"[17]. Estudou muito. Viajou por diversos países. Quando achava-se pronto para começar a reforma, inaugurou suas experiências. Dava bailes e jantares. Reunia nestes tudo que a imaginação, a experiência e os estudos podiam inventar ou sugerir. Confundia a distinção entre o bom e mau. Aí havia brinquedos de todas as espécies – discussões sobre todos os assuntos, decentes e indecentes – a devassidão sob as formas mais repugnantes. Levou a sua experiência a ponto de inocular em si moléstias contagiosas e imundas. Até quis experimentar o suicídio, mas não passou de furar um olho.

Finalmente brigou com a mulher. Ficou reduzido à pobreza, e, como empregado, entrou no Mont de Pieté, com um ordenado de 400$000 por ano. Mais tarde, este visionário fundou uma nova religião, que chamou "*O novo*

---

[17] No volume 4 de sua obra, Comte trata da "Phisique Sociale". Em uma nota (vol. 4, pág. 15) parece arrogar-se a honra de ter inventado este termo, bem como a ciência indicada por ele. Mas o termo e as idéias fundamentais do volume devem ser atribuídos a Sant-Simon. **(nota de MORTON)v**

Christianismo". Queria abolir todas as outras religiões – abolir o matrimônio – abolir o direito de propriedade.

O chefe de sua religião (o primeiro foi ele próprio) chamava-se *"O Pae supremo"*, a quem todos deviam obedecer implicitamente. Depois dele, o mais distinto discípulo devia ocupar o lugar.

Enfantin, *O Pae Supremo*, que governou depois de falecer Saint-Simon, foi multado e encarcerado pelo governo francês, e seu convento foi suprimido, por causa de grandes e insuportáveis imoralidades.

Pois bem, o primeiro livro do nosso filósofo Auguste Comte foi em defesa de Saint-Simonismo. Mau agouro para o piloto que tinha de guiar-nos por meio dos baixios e rochedos da sociedade, e tinha de decidir as grandes questõessociais. Se defendeu um louco, ele próprio não escapou de todo a ser suspeitado

(especialmente por sua pobre mulher) de loucura.

SUA FILOSOFIA ESMAGA TODA A LIBERDADE

No seu sistema, Comte dedica-se exclusivamente a descobrir leis. O espírito humano tem de aplicar-se primeiro às ciências exatas para conhecer suas leis, e depois, com o mesmo método, tem de passar para as outras.

Na hierarquia de ciências tem de subir de uma a outra, até chegar à última, a do socialismo; à qual aplica-se o mesmo processo que se aplicou à mecânica, ou à Astronomia. Aqueles que adquirem os conhecimentos vastos suficientes para reduzir todos os problemas que dizem respeito ao espírito sutil do homem, enfim, todas as questões da sociedade humana, à exatidão de Euclides, hão de reinar supremos sobre os espíritos menos felizes. Assim estabelecer-se-á um sacerdócio mais absoluto que o de Roma e os vassalos serão governados com o rigor e com a fatalidade com que o maquinista governa sua máquina a vapor.

A perfeição do sistema positivo, perfeição para a qual continuamente tende, sem a esperança de jamais tocar a meta, é poder representar todos os fenômenos diversos observáveis como casos particulares de um só fato geral, qual o da gravitação, por exemplo.[18]

---

[18] "Cours de Philosophie Positive", vol. 1, pág.10. **(nota de MORTON)**

Se assim for, que nos importa, qual será esse fato? Por que havemos de estudar, trabalhar, aturar as fadigas e os desgostos da vida, simplesmente para levar a humanidade para esta idéia fatal, fria, sem alma, sem compaixão, sem vida, que, qual o carro de Jagatnatha, vai nos esmagar debaixo de suas rodas?

Para mim, prefiro mil vezes o Deus vivo e misericordioso dos cristãos.

Auguste Comte não representa a opinião dos especialistas – em qualquer das ciências que pretende ensinar, nem tão pouco a dos mais adiantados dos livres pensadores.

Poucos são os que têm a coragem de ler aqueles seis volumes p*onderosos*.

Mas notai o que diz alguém que sujeitou-se ao trabalho. Huxley, autoridade em várias ciências naturais e livre pensador diz: "Achei as veias do metal (ore) poucas e distantes umas das outras e a pedra tão disposta a converter-se em lama que ao miná-la corria o risco de ser intelectualmente sufocado".

Sir John Herschel, um dos primeiros matemáticos e astrônomos do século, mostrou, há vinte anos, que Comte tinha cometido erros crassos nas matemáticas, erros que teriam desgraçado um examinando candidato às honras escolares de Cambridge.

Stuart Mill, lógico e especialista nas questões sociais e corifeu dos livres pensadores da Inglaterra, não pôde achar linguagem bastante forte para denunciar o sistema de organização social, advogado por Comte, o qual não admite, diz ele, a liberdade de ação, nem tão pouco de pensamento e de consciência.

Herbert Spencer, especialista na história da opinião, ou de sistemas de filosofia, critica severamente a muito gabada generalização do progresso de conhecimentos. Segundo Comte, o espírito humano, por sua natureza, tem necessariamente de passar por três estados – o teológico, ou fictício; o metafísico, ou abstrato; o científico, ou positivo. (Philosophia Positiva, vol. 1, pág. 8, et passim). Ora, Herbert Spencer mostra que esta distribuição é cheia de erros e de confusão.

Ouçamos mais uma vez Huxley (Lay Sermons, pág. 164): "A parte dos escritos de M. Comte que trata da filosofia das ciências físicas, ao que me parece, possui *singularmente* pouco valor, e mostra seu conhecimento da maior parte dos ramos daquilo que se chama – *ciência* – muito superficial e meramente de segunda mão. Não quero dizer simplesmente que Comte não estivesse em dia com a ciência atual, ou que não conhecesse os detalhes das ciências do seu tempo. Ninguém pode, com justiça, fazer de tais defeitos causa de queixa contra um escritor filosófico da geração passada. Mas o que me admirou foi sua falta de apreensão das grandes feições da ciência, seus desacertos espantosos a respeito do mérito dos seus contemporâneos científicos e suas noções *burlescamente* errôneas a respeito do papel que algumas das doutrinas científicas, correntes em sua época, eram destinadas a representar no futuro".[19]

Certamente não é por meio de lucubrações de tão pouco critério que M. Auguste Comte e seus discípulos farão "cessar a profunda anarquia intelectual que, diz ele, caracteriza nosso estado presente"[20]

Em vez de dar publicidade a estas especulações vagas e generalidades ilusórias de certos filósofos europeus, a imprensa pode prestar verdadeiros serviços ao país, insistindo no estudo conscencioso das ciências naturais nas escolas e nos colégios. A verdade não tem medo da ciência. O que é sumamente perigoso são os infundados sonhos de alguns sábios. Com efeito, é triste, é lamentável ver *as opiniões e as meras hipóteses* dos homens da ciência espalhadas entre o povo como coisas demonstradas, enquanto que não há conhecimento das ciências para habilitar o povo a apreciar as ditas opiniões e hipóteses. Não tem os meios de bater os erros nem de modificar as opiniões extravagantes. Fazendo estas observações tenho em meu apoio o exemplo de Virchow, o sábio alemão, que repreendeu seus colegas científicos pelo costume de dar publicidade às hipóteses não provadas do gabinete. Este costume, diz ele, tem causado grandes prejuízos não somente ao povo mas também à ciência. Se assim é nos países da Europa onde o estudo das ciências está mais ou menos vulgarizado, quando mais razão teria ele aqui, onde não só é excluído dos cursos o ensino das ciências naturais, mas onde, por causa do regulamento desses cursos, o ensino delas é quase impossível.

S. Paulo, 11 de fevereiro de 1880.
G. N. Morton[21]

---

[19] Vide Mc. Cosh. Pág. 172 e 173. (Nota de **MORTON**)
[20] "*Cours de Philosophie Positive*", vol. 3, pág. 589. (Nota de **MORTON**)
[21] George Nash Morton (1868-1892), reverendo norte-americano, foi pastor da Igreja Presbiteriana de Campinas e um dos fundadores, em Campinas, da sede da Missão do Sul do Brasil.

O SR. G. NASH MORTON
E O POSITIVISMO[22].

O ilustre sr. Nash Morton, em seu artigo do dia 18 disse logo ao começar: "Em questões de tão alta importância não posso ceder meu juízo à decisão de quem quer que seja. Sei os pontos fracos da armadura de Comte, e conheço as armas com que luto".

Ao ler estas palavras, enchi-me de satisfação. Afinal, íamos ter o prazer de conhecer o encadeamento dos argumentos pessoais do ilustre sr. Morton sobre a matéria.

Amarga decepção! Toda a longa extensão do seu artigo consiste exclusivamente em uma série de citações da opinião de Huxley[23], e, assim, foi-se, sem deixar resíduo, a bela promessa de "não ceder seu juízo a quem quer que seja".

Já nos seus artigos anteriores era notável a tendência para procurar fazer grande guerra com pouca pólvora, contentando-se em opor a uma opinião outra opinião, sem procurar esclarecer o público sobre a razão das divergências, sem ao menos motivar o fato das negações ou das afirmações.

------

[22] Este artigo de Pereira Barreto despertou a ira dos darwinistas pelos ataques feitos a Huxley; e acabou por suscitar um extenso debate nas páginas de *A Provícia de S. Paulo* acerca de Huxley e do darwinismo como veremos a seguir.

[23] Thomas Henry Huxley (Ealing, Middlesex, 4 de maio de 1825 – Eastbourne, Sussex, 29 de junho de 1895) biólogo britânico conhecido por ser um dos, senão o principal, defensor da Teoria da Evolução das Espécies. Embora admitisse haver pontos falhos na teoria darwinista, Huxley acreditava que ela era a hipótese mais satisfatória, que poderia ser a pedra fundamental de uma filosofia evolucionista, não só orgânica como também cósmica. É avô do célebre escritor Aldous Huxley, de Julian Huxley (primeiro diretor da Unesco e fundador do World Wildlife Fund) e de Andrew Huxley (fisiologista e ganhador do Prêmio Nobel). Huxley foi um crítico ferrenho de Augusto Comte, chegou a dizer que a "filosofia de Comte não passava de um Catolicismo subtraído da cristandade".

Quando citei Miss Martineau (que persisto em reputar muito superior, quando à *capacidade filosófica*, a Huxley) tive sobretudo em vista fazer sentir a inconveniência deste gênero de crítica, que deixa o público absolutamente destituído de uma convicção pró ou contra.

Entre uma afirmação e uma negação não existe senão o fato bruto da divergência; e, quando se se limita a fazer a crítica de tesoura, como fazem os *jornais* para seus noticiários, cortando indiscriminadamente trechos de um autor e de outro, sem revelar ao leitor o nexo intelectual ou moral que os deve ligar entre si, o resultado é, a maior parte das vezes, que se vai esbarrar em contradições inextricáveis.

É sempre imprudente fazer-se uma crítica sobre uma outra crítica. Temos disto uma prova manifesta no caso atual em que o ilustre sr. Morton encampa sem exame todas as proposições de Huxley, todas as verdades como todas as aberrações, pouco se inquietando de saber se as mais fundamentais dessas proposições vão ou não afinal de encontro à sua tese primordial. Com esta diferença, entretanto: que Huxley tinhas graves motivos, patrióticos e de coração, científicos e extra-científicos, para fazer uma crítica apaixonada, veemente, implacável, e por isso mesmo infundada e injusta; ao passo que o ilustre sr. Morton nenhum desses motivos tem a invocar em sua defesa. Como já fiz sentir anteriormente, é a atitude da filosofia positiva em frente ao darwinismo que causa todo o *nó na garganta* a Huxley e Herbert Spencer, e quando o ilustre sr. Morton apela para Virchow, que *condena* o ensino oficial do darwinismo, emaranha-se em uma tal contradição, que não sabemos realmente como dela possa sair. A questão é clara e simples: ou Huxley e H. Spencer tem razão e Virchow está em erro, ou Virchow tem razão e os dois primeiros estão em erro. Não há fugir daí.

Comte, como todos os seus discípulos, como Virchow, não estão resolvidos a aceitar puras hipóteses, embora de caráter científico, por verdades demonstradas; e o próprio sr. Morton *parece* estar conosco neste ponto essencial, a se inferir a sua atitude por esta passagem do seu primeiro artigo: "O que é sumamente perigoso são os infundados *sonhos* de alguns sábios.

Com efeito, é triste, é lamentável ver *as opiniões e as meras hipóteses* dos homens de ciência espalhadas entre o povo como coisas demonstradas... Fazendo estas observações tenho em meu apoio o exemplo de Virchow, o sábio alemão, que repreendeu seus colegas científicos pelo costume de dar publicidade às hipóteses não provadas de gabinete".

Depois de ter escrito isto, a 13 de fevereiro passado, o mesmo sr. Nash Morton toma de Huxley contra Comte, a 18 de março corrente, a passagem seguinte: "O que havemos de pensar de um contemporâneo de Young e de Fresnel que nunca perde a ocasião de atirar o desprezo sobre *a hipótese* de um éter...?" Quem é, pois, que está sonhando...? É Comte ou Huxley?! Já está demonstrada a hipótese de um éter?...

E, sem indiscrição, o ilustre sr. Morton, que conhecia a opinião de Virchow, por que razão não revelou ao público a propósito de que questão o eminente patologista assim se exprimiu? – Se o tivesse feito, me pouparia o trabalho de dizer hoje que Virchow assim manifestou-se para combater uma imprudente pretenção de Hæckel, exigindo no congresso dos naturalistas alemães, o ensino oficial do darwinismo...

Já estará demonstrada a *hipótese* do darwinismo? Será positivamente certo que o homem descende do macaco? Se não está provada essa hipótese, quem é que se acha de melhor partido? A filosofia positiva que se conserva em uma atitude espectante, ou Huxley e Herbert Spencer, que, não tendo a necessária paciência para esperar a última palavra da ciência sobre este momentoso debate, baseiam desde já sobre essa *mera hipótese* todo um sistema social e político?...

E, para encurtar palavras, diante deste momentoso debate, quem nos aconselha o ilustre sr. Morton que sigamos? – Virchow, ou Huxley e H. Spencer? O público está vendo que um dos três anula os dois outros, e reciprocamente. E o bom senso público é capaz de entender que tenho razão quando avanço que a crítica de tesoura pode conduzir a contradições inextricáveis.

Os darwinistas não nos perdoam a nossa atitude neutra diante de uma doutrina, que ainda pode naufragar: e o ilustre sr. Morton, que pensa como nós sobre o papel das *hipóteses* em ciência, desencadeia contra nós toda a grossa artilharia dos energúmenos da evolução! Para o grande público, que jamais se interessou pelas questões transcendentes da ciência ou da filosofia, esse modo de criticar pode produzir grande efeito, tanto efeito mesmo como o de um grande fogo de artifício sobre a praça pública. Para o pequeno número, porém, de leitores ao corrente dos debates científicos dos nosso dias, uma única consideração basta para ferir de morte toda a longa argumentação: é a da incoerência que surge dos argumentos aduzidos.

Huxley, que nos merece toda a consideração, quando se trata de biologia, não nos merece absolutamente a menor consideração quando se trata da filosofia das ciências. Uma coisa é a capacidade científica, outra coisa a capacidade filosófica. Pode-se-lhe conceder uma, e negar-se-lhe a outra sem injustiça.

Huxley cometeu um erro grosseiro quando procurou na obra de Comte a exposição plenária dos pormenores da ciência. O seu espírito filosófico é de tal modo acanhado que nem ao menos pôde perceber a enorme distância entre o *concreto* e o *abstrato*, entre as generalidades que constituem o domínio da filosofia, e os pormenores que constituem o das ciências particulares.

Materialista enfezado, devia necessariamente pensar mal de uma obra que nega competência às tresloucadas pretensões materialistas, que, cheias de orgulho pelos conhecimentos físicos, químicos, biológicos, se consideram aptas para especular, sem mais outra preparação sobre os fatos da ciência social.

O maior serviço prestado por Comte consiste precisamente em ter fundado a ciência social, dando-lhe uma constituição autonômica, e subordinando a ela todas as ciências inferiores. Por mais vastos e profundos que sejam os conhecimentos sobre física, sobre química ou sobre biologia é absolutamente impossível uma sã inteligência dos fenômenos sociais sem o completo conhecimento da história. E não é difícil mostrar que o mais ignorante legista pode dar lições de sociologia ao mais arrogante naturalista, todas as vezes que este não aceitar o preceito de Comte de estudar a história como mais uma ciência natural. Aos três grandes métodos das ciências inferiores, quero dizer a observação, a experimentação e a comparação, Comte ajuntou mais um quarto, que completa a série: é o método histórico. É este acréscimo que provoca todas as iras dos materialistas, ávidos de chegar à direção suprema dos espíritos sem ter preenchido a mais capital das condições mentais para esse fim.

O darwinismo, que tantos e tão belos trabalhos tem provocado no terreno da biologia, tem-se mostrado até aqui de uma esterilidade desesperadora no domínio da história. E, se Comte, com grande antecedência, não nos tivesse traçado com mão segura as grandes linhas da teoria da evolução através da história, estaríamos hoje reduzidos a esperar que Huxley ou Darwin se resolvam a acabar de estudar a biologia para encetarem o estudo positivo da história...

A vingança de Huxley contra Comte é pueril. Incapaz de atacar o gigante pela frente, recorre à arma de guerrilha procurando na esmagadora obra aquilo que o próprio título lhe proibia procurar.

Em definitiva, o que os materialistas querem é um puro *milagre*; e, nada de mais curioso do que ver-se esses homens que atacam o milagre teológico em todas as suas formas, virem reproduzi-lo inconscientemente no domínio da história.

Mui diverso foi o procedimento de Herbert Spencer. Este teve a coragem de preencher todas as condições de competência; e terei não pequeno prazer em mostrar ao ilustre sr. Morton como H. Spencer contradiz e anula Huxley.

Na minha resposta tornei bem frisante a radical contradição, em que caiu o ilustre sr. Morton, ao chamar em seu auxílio Huxley, Herbert Spencer e Virchow. Mostrei que estes três pensadores se anulam totalmente no ponto mais culminante da questão, e que, portanto, esse sistema de crítica, originalíssimo nas lides da ciência, não afeta de modo algum a economia da filosofia positiva e só serve, sim, para atestar por meio de uma solene abdicação o passamento do espírito teológico. Não voltarei aqui sobre este assunto.

Hoje, o nosso único intuito é mostrar a profunda irracionalidade dessa crítica a que chamaremos puramente maquinal, pois que o ilustre sr. Morton até este momento não quis nos informar em nome de que filosofia ou de que sistema de crenças está criticando a doutrina de Comte por conta de terceiro.

Tudo é enigma na sua conduta filosófica.

Sendo a nossa posição perfeitamente definida, é bastante, para sermos compreendidos, prevenir simplesmente o público que vamos por nossa vez empunhar a tesoura e forçá-la a nos fornecer comodamente todos os argumentos desejáveis a favor da causa. O ilustre sr. Morton vai ver a que fecundos resultados este sistema de crítica conduz.

Disse um profundo pensador belga: "Dai-me o livro mais ortodoxo em religião, permiti que eu escolha um trecho destacado, e juro que com esse trecho levarei o seu autor á fogueira".

É o que tem feito até aqui o ilustre sr. Morton. Por nossa vez vamos mostrar que também o contrário se pode fazer.

"Pelo que, no meu estudo daquilo que especialmente caracteriza a filosofia positiva tenho colhido, diz Huxley, acho nela pouco ou nenhum valor científico, porém muita coisa que está em tão inteiro antagonismo com a mesma essência da ciência como qualquer coisa do catolicismo ultramontano".

Huxley confunde a filosofia positiva com a política positiva. É a mesma confusão que por mais de uma vez já assinalamos nos escritos do sr. Morton.

Mas, não importa. Ouçamos agora a opinião de Herbert Spencer, que não pode ser suspeito para o sr. Morton.

"O que M. Comte se propos foi dar ao pensamento e ao método filosóficos uma forma e uma organização mais perfeita, e aplicá-los assim modificados à interpretação dessas classes de fenômenos que não tinham sido até então estudados de um modo filosófico. Era uma concepção cheia de grandeza; e tentar realizá-la era uma empresa digna de simpatia e de admiração. Esta concepção tinha sido igualmente a de Bacon; também este estava convencido que 'a física é a mãe de todas as ciências"; também este estava persuadido que as ciências não podem progredir senão com a condição de se acharem unidas e combinadas, e tinha visto em que consistem esta união e esta combinação; também ele tinha compreendido que a filosofia moral e civil não podem crescer e florescer senão com a condição de imergirem as suas raízes na filosofia natural. Mas, o estado da ciência no seu tempo o impediu de ir além desta concepção geral. Augusto Comte, em lugar dessa concepção obscura e vaga, apresentou ao mundo uma concepção clara e nitidamente definida. Ao realizar esta concepção, patenteou uma largueza de vistas notável, uma grande originalidade, um gênio de invenção imenso, e uma capacidade de generalização extraordinária.

"...Toda a ciência vem da experiência: eis o que sustentou Comte, e é também o que eu sustento. – é ainda crença de Comte que todo o conhecimento é relativo e não atinge senão os fenômenos, e nisto estamos inteiramente de acordo.

"... Augusto Comte não quer que, nas diferentes classes de fenômenos, recorramos a entidades metafísicas consideradas como suas causas, e é também minha opinião que o emprego de semelhantes entidades distintas, se bem que muito comodo, se não absolutamente necessário, para as necessidades do pensamento, é sob o ponto de vista científico inteiramente ilegítimo.

"... Invoquei a autoridade de Comte quando procurei demonstrar por novas provas a doutrina, segundo a qual a educação do indivíduo deve estar de acordo em seu objeto e sua marcha com a educação do gênero humano, considerado historicamente. Partilho inteiramente sua opinião sobre a necessidade de uma nova classe de sábios (essa que Huxley e o sr. Nash Morton abominam), cuja função terá por objeto a coordenação dos resultados adquiridos. É a Comte que eu devo a concepção de um *consensus* social; e, quando o tempo me permitir, lhe testemunharei todo o meu reconhecimento. Adoto a palavra *sociologia*, que ele inventou. De mais, há na parte de suas obras, que tenho lido, imenso número de observações profundas e fecundas, e estou certo que, se eu mais tivesse lido, muito mais teria achado.

"Não vão, pois, supor que eu negue às especulações de Comte o grande valor que possuem. Seu sistema, em seu complexo, tem produzido, em grande número de pensadores, salutares e importantes revoluções; e é impossível negar que continue ainda a exercer grande influência sobre muitos outros. O complexo do seu sistema e do seu método científico não podem deixar de engrandecer as concepções dos seus leitores. Acresce ainda que nos prestou ele um imenso serviço, familiarizando os homem com a idéia de uma ciência social fundada sobre outras ciências. Além destes serviços, que resultam do caráter geral e do alvo da sua filosofia, é minha convicção que ele semeou por toda a parte, em suas páginas, grande número de idéias largas, não somente capazes de fazer nascer outras, mas ainda notáveis pela sua verdade intrínseca[24]".

Eis o que encontrou Herbert Spencer nesse sistema, em que Huxley e o sr. Nash Morton não encontraram senão *lama*. Eis como pensa um eminente pensador, citado pelo sr. Nash Morton, a respeito do filósofo, que nos é apresentado como um *charlatão superficial*, "Shallow pretender".

Na *Introdução à ciência social*, H. Spencer reconhece que a classificação das ciências, de Comte, é a mais didática, e é essa classificação que segue na divisão em capítulos de todo o seu livro. E, discutindo as dificuldades e a necessidade da fundação da ciência social, diz: "Para que esta concepção tomasse uma forma definida, era necessário de um lado que os conhecimentos científicos se tivessem tornado mais extensos e mais exatos, e de outro que o espírito científico se achasse fortalecido. É a Augusto Comte, que vivia em um tempo em que essas condições se achavam preenchidas, que cabe a honra de ter posto em todo o seu dia a conexão entre a ciência da vida e a ciência da sociedade. Foi ele quem primeiro viu claramente que os fatos, que se produzem nas associações humanas, são da mesma natureza que os

....
[24] *Vide Révue Scientifique,* nº 30, 1872, tradução de Laugel. (nota do Autor)

que se produzem nos grupos de seres inferiores vivendo em rebanhos; e que em um como em outro caso é preciso estudar os indivíduos para se poder compreender as reuniões. Assim colocou ele a biologia antes da sociologia em sua classificação das ciências. Considerou a biologia como uma necessária preparação para os estudos sociológicos, não só porque os fenômenos da vida coletiva, derivando da vida individual, não são susceptíveis de uma conveniente coordenação senão depois destes; mas também porque os métodos de investigação, que emprega a biologia, são os mesmos de que a sociologia deve igualmente servir-se[25]".

Ao fazer esta citação, só temos em vista mostrar a singular distração do ilustre sr. Morton, que, sob a fé de Huxley, vem nos dar hoje, como novidade, objeções que o seu próprio autor já abandonou, há muitos anos, tendo aberto mão delas ante a argumentação decisiva de Stuart Mill e Littré, que tomaram a defesa da filosofia de Comte.

Em resumo, do que fica exposto é fácil ao sr. Nash Morton compreender que, com uma tesoura na mão, podemos à vontade converter ou um adversário em auxiliar ou um auxiliar em adversário.

Mas, o público que contempla este inopinado espetáculo de gladiação automática, o que deverá pensar a respeito do valor de semelhante tática? Não estará ele no direito de dizer-nos: Senhores filósofos, mais senso comum, e menos incoerência?!...

Para mostrar ainda ao ilustre sr. Morton o perigo a que um homem se expõe, quando se limita a fazer uma crítica sobre uma outra crítica, vou apresentar-lhe algumas falsidades que subscreveu com o seu nome, fiado na palavra de Huxley. Ficará evidenciado que Huxley criticou uma obra, sem primeiro percorrê-la em sua totalidade, do mesmo modo que ficará evidenciado que o ilustre sr. Morton não se deu ao trabalho de verificar se a crítica que tomou para modelo se ajustava ou não ao texto do original.

E, para não haver hesitação a este respeito, vou tomar o próprio sr. N. Morton para expositor do pensamento de Huxley.

No seu primeiro artigo, de 13 de fevereiro, diz: "No seu sistema, Comte dedica-se a descobrir leis. – Aqueles que adquirem os conhecimentos vastos suficientes para reduzir todos os problemas que dizem respeito ao espírito sutil do homem, enfim todas as questões da sociedade humana, à exatidão

---

[25] *Introduction à la Science Sociale*, por H. Spencer, pág. 352. (nota do Autor)

de Euclides, *hão de reinar supremos* sobre os espíritos menos felizes. Assim estabelecer-se-à um sacerdócio mais absoluto do que o de Roma, e os *vassalos* serão governados com o rigor e com a fatalidade com que o maquinista governa sua máquina a vapor".

O sr. Morton nestas poucos linhas representou fielmente a imagem do governo do espírito, que Huxley pretende ter encontrado na *filosofia* de Comte.

Não tenho aqui neste momento a obra grande de Comte, para por ela apresentar o texto do original. Mas, tenho a tradução condensada de miss Harriet Martineau, publicada 21 anos antes da crítica de Huxley. Ora, eis aqui o que aí se lê sobre o pretendido *reinado do espírito*, atribuído à filosofia positiva: "O caráter especulativo começou a pronunciar-se nitidamente entre os filósofos gregos; mas, sabemos o quanto estiveram eles longe, não obstante seus esforços perseverantes, de conseguir a preponderância política. *É evidente, a todos os respeitos, que o verdadeiro papel social do espírito não é dominar diretamente a conduta da vida, mas sim modificar, por uma influência consultativa, o reinado da potência material ou prática, quer militar quer industrial: as queixas dos filósofos não conseguirão transformar uma ordem de coisas que está em harmonia com as condições sociais.* Sem dúvida, o princípio da utilidade especial e imediata é por demais acanhado e a sua aplicação exclusiva não pode deixar de ser por vezes opressiva e perigosa; mas, nem por isso, deixa ele de ser a base de toda a verdadeira classificação social. Na vida social do mesmo modo que na vida individual, a razão é mais necessária do que o gênio, excepto em algumas raras ocasiões em que a massa das idéias usuais carece de um impulso especial. Só nestas circunstâncias alguns eminentes pensadores intervêm para dirigir a crise, passada a qual o simples bom senso retoma pacificamente as rédeas do governo. Tanto o gênio especulativo é, só, capaz de deparar as diversas fases do nosso desenvolvimento, quanto é impróprio para a direção diária dos negócios comuns. Intelectualmente, os espíritos contemplativos estão mal preparados para os apelos especiais e urgentes feitos à sua atividade; e, moralmente, não são suscetíveis de se interessar suficientemente pela realidade presente e circunstanciada, de que todo o governo deve exclusivamente se ocupar.

Esses espíritos acham-se por demais afastados da consideração do complexo social, que é o principal atributo de todo o bom governo; e quando se tem necessidade de uma decisão, que não pode ser judiciosa senão com a condição de se basear sobre uma sábia ponderação de todos os aspectos sociais, os filósofos estão absorvidos no exame abstrato de um único ponto de vista. O pequeno número daqueles que, segundo a vocação característica da verdadeira filosofia, encaram o complexo real da sociedade, não levam a mal que a direção dos negócios humanos não pertença à filosofia, porque sabem o quanto seria prejudicial a realização de uma tal utopia, se tal acontecesse. Assim, a humanidade não pode por demais honrar essas inteligências excepcionais, que consagram nobremente sua vida a pensar pela espécie inteira; não pode cercar de demasiada solicitude essas preciosas existências, sua mais importante riqueza e seu mais belo ornato, nem demais secundar o exercício de suas eminentes funções oferecendo aos seus trabalhos todas as facilidades convenientes; mas, é com o maior cuidado que deve esquivar-se de jamais confiar a direção ordinária da sociedade a homens que, por suas qualidades características, são essencialmente impróprios para uma semelhante tarefa.

Sabemos, além disso, o quanto a força intelectual – essa parte menos ativa da natureza humana – tem necessidade de obstáculos para se desenvolver: o espírito é feito *para lutar e não para reinar*, e cairia em uma atrofia funesta, se, em vez de se limitar a modificar uma ordem independente dele, só tivesse por tarefa contemplar com admiração a ordem de que seria o criador e o árbitro. Desde então seguiria naturalmente a marcha conservadora do governo teocrático. O principal poder, longe de pertencer às mais eminentes inteligências, cairia nas mãos de pensadores medíocres, que, a maior parte das vezes, destituídos de benevolência e de moralidade, se ocupariam exclusivamente em manter a supremacia do poder. Invejando e odiando os superiores, aos quais usurpariam as honras, reprimindo o desenvolvimento da massa do povo, esses pretendidos príncipes intelectuais nos ensinariam dentro em pouco, se o seu reino fosse possível, o quanto *é incompatível com a ordem e progresso* o apregoado *reinado do espírito* ".

Neste tom Augusto Comte enche um grande número de páginas, que seria impossível aqui transcrever.

E é este pensador, que assim descarrega sua hercúlea clava contra a utopia do reinado do espírito, que o ilustre sr. Nash Morton, sob a fé de Huxley, vem apresentar ao público como o insensato promotor do reinado do espírito!...

Será possível dar um desmentido mais formal, mais humilhante, a todas essas odientas acusações, que todos os dias assaltam, sem boa fé, sem respeito ao justo, sem lealdade, a obra de Comte? Isto é grave. Temos de um lado os teólogos e metafísicos, e de outro homens de ciência: todos combinados em fazer convergir contra Comte o mais selvagem fogo de uma lealdade convertida em bateria. Isto não é mais discussão científica; é uma questão de moralidade.

Toda a crítica sincera é útil, é salutar; mas, como poderemos qualificar um manejo filosófico, que, para se dar as aparências de um fácil triunfo, vem exibir ao público diametralmente o inverso daquilo que é a doutrina positiva? Podemos e devemos todos ter opiniões: mas a ninguém é permitido mutilar, desnaturar e inverter a opinião de outrem, com o fim de melhor combatê-la. Isto se chama, em linguagem vulgar, faltar à verdade.

Lastimo de coração que o sr. Morton não se ache aqui em seu acampamento natural. Os teólogos ao menos, em seus ataques, são movidos por sérias preocupações sociais; ao passo que no campo dos homens de ciência (homens de ciência sem ciência social), só vemos o puro materialismo movendo mesquinhas lutas sobre questões de prioridade e pondo em fermentação todas as vaidades irritadas ante a impotência de produzir obra igual. Eis porque Augusto Comte só confiou naqueles que não são homens de escola e apelou sempre para o bom senso popular.

O divórcio do método Ao terminar o seu último artigo, o ilustre sr. Morton, lastimando o abismo de perdição em que estou engolfado por adotar para meu governo a filosofia positiva, deixando assim de "prestar à pátria valiosos serviços", concluiu o seu pensamento, dizendo: "Porém, espero vê-lo um dia, emancipado do positivismo, proclamar uma filosofia mais real, mais compreensiva e mais benéfica".

É impossível que o público não tenha lido este trecho com extraordinária surpresa. Pela minha parte, confesso que da substância de todos os seus artigos ponto algum aguçou tanto a minha curiosidade.

Nenhum país, mais do que o meu, precisa que o sirvam; e nenhum brasileiro, mais do que eu, deseja servi-lo de coração.

O ilustre sr. N. Morton revela-nos hoje que tem na mão uma verdade suprema, que pode fazer não só a minha felicidade, como a de meus compatriotas, a de todo o meu país. Que fortuna! Já dou-me por mil vezes pago e repago pelo tempo e trabalho consagrados a esta polêmica filosófica. Afinal, da discussão sai a luz.

Mas, por caridade! Porque tarda o sr. Nash Morton em abrir essa sua santa mão, e não deixa desde já essa suprema verdade derramar-se sobre todo o meu país? Para que me deixa entregue à tortura de mil conjecturas, tortura que o público deve estar igualmente partilhando? Por mais que procure refrear a imaginação, não posso coibir que se me apresentem ao espírito as seguintes interrogações.

Será o biologismo de Huxley? Mas, não é possível, porque esse só versa sobre anatomia comparada, que em nada me esclarece sobre os problemas da ciência social, e ainda menos sobre os da moral.

Será o Spencerismo? Mas, não é possível, porque Herbert Spencer, não obstante os seus formais protestos, não pode ainda conseguir apagar a impressão que causa a todos a leitura de seus escritos: todo o mundo pensante persiste em reputá-lo um positivista da mais bela gema: tanto o seu sistema e o de Comte se assemelham e se fortificam pelos laços fundamentais do parentesco. Não serei eu, por certo, que negarei a H. Spencer a sua originalidade; não tenho a menor dificuldade em compreender que dois pensadores robustos, trabalhando cada um por seu lado, sem se conhecerem, mas movidos pelo mesmo impulso das necessidades filosóficas e sociais, possam caminhar paralelamente ao lado um do outro e venham afinal a se encontrar no mesmo ponto capital, de modo a ficarem ambos estupefatos da coincidência da marcha respectiva. A mesma coincidência deu-se, em parte, com Buckle, e, em menores proporções, com muitos outros.

Tendo, aliás, Herbert Spencer tido a honesta franqueza de confessar o que deve de mais essencial a Comte, não podemos senão votar-lhe a mais viva simpatia e nada temos a reclamar dele. Poderíamos mesmo, em definitiva, sem relutância abraçar o seu sistema, se não fora a inspiração, a nosso ver infeliz, que o conduziu a basear a melhor e a mais bela porção das suas concepções filosóficas sobre duas grandes hipóteses: a transformação das forças e a trans formação das espécies ou darwinismo. É sobre estes dois pontos que rola a divergência capital, divergência que só a ciência do futuro poderá resolver e julgar.

Para fazer valer a sua hipótese, Herbert Spencer põe em jogo todos os imensos recursos do seu poderoso gênio; mas, toda a sua brilhante argumentação, formidável realmente contra as crenças teológicas e metafísicas sobre a criação, não conseguiu ainda determinar os discípulos de Comte a seu favor.

Para suprir as deficiências da ciência atual, H. Spencer recorre ao racionalismo: a nosso ver é aí que está a falha do sistema; a filosofia positiva nos ensina que o racionalismo é um amigo, que devemos trazer sempre em estado de suspeição.

O darwinismo é uma bela hipótese; mas, a ciência procura antes de tudo a verdade; e, enquanto a observação e a experiência não se tiverem pronunciado, essa hipótese não poderá se impor como um fato indiscutível. Talvez daqui a mil anos a ciência não esteja ainda em estado de pronunciar o seu veredicto.

Ora, é imprudência ligar assim a sorte de um sistema à sorte de uma hipótese, que pode perecer. Em outros pontos secundários, também não podemos acompanhá-lo. Assim, por exemplo, a sua célebre tentativa de conciliação da religião com a ciência nos parece inaceitável: é a partilha do leão, dando tudo à ciência, e só quimeras à religião... O seu ideal do progresso e do futuro de perfeição da humanidade nos parece igualmente a mais arrojada das utopias.

Mas, o que, sobretudo me faz crer que não é o Spencerismo, que o sr. Morton tem em mente inculcar-me, é um trecho do seu artigo inicial, de 13 de fevereiro, em que me diz em tom de mofa: "A perfeição do sistema positivo, perfeição para a qual continuamente tende, sem a esperança de jamais tocar a meta, é poder representar todos os fenômenos diversos observáveis como casos particulares de um só fato geral, como o da gravitação, por exemplo".

E foi a propósito desta pretensão ideal do sistema positivo que o ilustre sr. Morton nos ameaçou com as rodas do carro de Jagathnata...

Ora, Herbert Spencer não só julga possível a ciência tocar a meta, como crê essa meta já efetivamente tocada; e aquilo que para Comte era apenas uma esperança, um ideal, é para ele uma realidade irrefragável. Se é, portanto, o Spencerismo que me recomenda, forçoso é concordar que o sr. Nash Morton tem caprichos singulares: acha excelente em um, aquilo mesmo que reprova violentamente em outro. Confesso não poder penetrar no mistério desta lógica...de amores.

Será por acaso o protestantismo, que o ilustre sr. Morton seriamente me propõe como a melhor forma de poder eu bem servir o meu país? Mas, não é possível, porque em toda esta discussão filosófica o temos visto constantemente nos dar o exemplo do abandono de suas crenças religiosas, apresentando-se, sem interrupção, como um trânsfuga, que, não seguro de sua posição no campo teológico, vem jurar bandeira no acampamento dos materialistas, pedindo, exclusivamente a estes, abrigo, armas e proteção.

Quando o vejo, assim humilhado sob as forças **caudinas**, abdicar e resignar-se a uma atitude ambígua, precária e falsa, fazendo depender a sua salvação de favores de inimigos, não posso, por elementar prudência, seguir a sua trilha, receando naturalmente a eventualidade de achar-me também um dia nas mesmas duras contingências.

Poderei capitular: prefiro este desfecho ao papel de uma ambiguidade, que a malícia pública pode traduzir em incoerência, e não sem um grande fundo de justiça. É sabido que o ilustre sr. Morton é um ardente propagandista da fé protestante; a fé protestante tem por base a revelação bíblica; a bíblia ensina que o homem foi feito, de um só jato, pelas próprias mãos do Criador, e à imagem do Criador. Por outro lado, como o público é testemunha, o ilustre sr. Morton se tem patenteado tão indissoluvelmente consorciado com Huxley, tão intimamente identificado com o pensamento de Huxley, tão incarnado e consubstanciado nas crenças de Huxley, que, em todos os seus artigos contra Comte, é invariavelmente Huxley quem aparece em cena, não figurando aí o sr. Nash Morton senão como um simples levantador do pano, um oficioso apresentador de Huxley ao público. Seria difícil encontrar um modelo mais perfeito de fusão de duas almas. É tal a sua fascinação, a sua idolatria por Huxley, que quando Huxley fala, o sr. Nash Morton persuade-se que é o próprio sr. Nash Morton quem está falando.

Ora, Huxley, que vota o mais soberano desprezo à bíblia, professa que *o homem descende do macaco*.

E é tão forte a sua convicção a este respeito, que não trepida em cobrir de ridículo todos aqueles – os positivistas, por exemplo – que, homens de ciência como ele, e desejando como ele o triunfo da sua causa, hesitam todavia em abraçar a sua opinião sem um concurso mais respeitável de provas científicas.

Desta sorte, o público está vendo que o ilustre sr. Morton crê que o homem foi feito à imagem do Criador e pelas próprias mãos do Criador, e, ao mesmo tempo, crê que o homem foi feito à imagem do macaco e pelo próprio macaco.

Mas, como uma destas duas crenças exclui a outra, é grande a ansiedade pública por conhecer o meio de conciliar a verdade revelada com a impiedade científica. Há aqui um grande mistério que é preciso elucidar. E, como pessoalmente não conheço o meio de elucidá-lo, prefiro por enquanto manter-me em uma prudente reserva.

E, em definitiva, se algum dia tiver eu de voltar, voltarei naturalmente para o meu velho catolicismo, porque assim o exigem as invariáveis leis mentais, tão solidamente estabelecidas pela patologia moderna.

Aflige-me tanto menos a perspectiva dessa volta possível, quanto sei pela filosofia de Comte que o protestantismo não foi um progresso, mas sim uma retrogradação, relativamente ao catolicismo.

Tenho e terei sempre imensa simpatia pelos povos protestantes: mas, dos povos à doutrina a distância é grande.

Mas, se não é o materialismo transcendente de Spencer, se não é o protestantismo – qual será essa filosofia? É completa a minha confusão, precisamente porque é o próprio sr. Nash Morton quem me assegura, na última linha do seu artigo, que toda a filosofia é uma "areia movediça, que confundirá a todos que edificarem sobre ela (sic)...!" E a filosofia mais real e mais benéfica?...

Eia, portanto, sr. Morton, nada de enigmas, basta de mistérios, venha a grande e luminosa *revelação*.

Questão moral O primeiro dever moral do crítico é expor o mais fielmente possível a doutrina do adversário, que vai combater; e, todas as vezes que formula um juízo severo, é sua obrigação de honra exibir os textos do original, de modo a justificar-se plenamente para com o leitor. Ninguém pode furtar-se ao cumprimento rigoroso deste dever. A mais elementar probidade assim o exige.

Todo o leitor, que percorre pela primeira vez a parte histórica da filosofia de Comte, experimenta a mais viva surpresa: fica sem saber o que mais admirar, se, por exemplo, a grandeza e a beleza do catolicismo aí expostas em estilo gráfico e solene, ou se a crítica que aparece em seguida.

Os adversários de Comte, a qualquer dita que pertençam, julgam-se dispensados da obrigação de fazer o mesmo para com a sua doutrina.

Nesta atual discussão filosófica não pode ter escapado ao público o modo desusado por que o ilustre sr. Morton se tem colocado fora da lei comum, faltando a todos os preceitos da hombridade, julgando-se superior aos princípios da praxe geral, a que estão adstrictos todos os críticos.

Não vejo absolutamente os motivos pessoais, que pode invocar o sr. Nash Morton, para assim erguer-se acima do comum dos mortais; e S. Sa., que nos falou em *vassalos* da filosofia positiva, em tom de sarcasmo, nos tem tratado a todos, do princípio ao fim, como verdadeiros *vassalos* seus. Nem uma única vez se sentiu moralmente obrigado a justificar perante o público as suas atrabiliárias acusações: fala, escreve, como se estivesse sobre um púlpito, rodeado de seus fiéis, e o nosso público deve, sem recalcitrar, crer na sua palavra, que provavelmente é a palavra divina. Até hoje, não citou um só trecho da filosofia de Comte, pelo qual o público pudesse ajuizar da legitimidade ou ilegitimidde de suas autoritárias reprovações.

Por deferência à sua posição social, em atenção à sua reputação de cavalheiro, tenho-me condenado até aqui à tarefa ingrata de responder a todas as suas fantasias sem *quos ego*..., a todas as suas falsificações, a todas as suas mais írritas inversões da letra e espírito da filosofia de Comte, tomando ao sério os seus escritos, e procurando seriamente restabelecer a verdade.

Mas, este jogo não pode continuar indefinidamente. O nosso público, se não tem um tão avultado número de grandes ilustrações como o público europeu ou norte-americano, tem, todavia, um suficiente número de inteligências esclarecidas, que possuem bastante consciência do seu valor próprio, para não se deixarem impor às ligeiras o novo gênero de crítica, que o sr. Nash Morton procura hoje introduzir nesta província.

É a primeira vez que vemos entre nós surgir uma crítica violenta, infrene, descabelada, sem que o autor dessa crítica se julgue um só momento na obrigação moral de basear a sua opinião sobre documentos irrecusáveis, extraídos da própria obra criticada.

O papel, que tem assumido até aqui o sr. N. Morton é o de um perfeito autômato, que, recebido o impulso da corda, dispara fatalmente, sem direção conhecida, até esbarrar contra uma parede.

O respeito, que devo à filosofia de Comte e a mim mesmo, me obriga a opor-lhe hoje essa parede.

O sr. Nash Morton, em seu artigo de 13 de fevereiro passado, afirmou: 1º Que a filosofia de Comte esmaga toda a liberdade; 2º Que Comte, no seu sistema, dedica-se exclusivamente a *descobrir* leis; 3º Que o conhecimento dessas leis conduz a uma hierarquia das ciências, começando na matemática e acabando no *socialismo* (sic), e que essa hierarquia tem por fim o estabelecimento de um reinado do espírito, o qual reinado constitui um governo despótico, mais absoluto do que o de Roma. – Além disto, insinuou: 4º Que a filosofia de Comte traz em si o cunho da devassidão de Saint Simon, insinuando assim na opinião pública uma pérfida conclusão a respeito de todos aqueles que aderirem à obra contaminada; 5º Que Comte nos dá *sonhos,*

extravagâncias, opiniões e *meras hipóteses* por verdades demonstradas.
– E, no seu artigo de 20 de março corrente, reproduzindo e corroborando todas essas asserções com citações de Huxley, Wehlwell e outros, julgou-se autorizado a afirmar; 6º Que Comte foi um *charlatão superficial*.

Quem subscreve injúrias e falsificações desta ordem, quando pode ser desmentido tantas vezes, quantos forem os leitores que quiserem se dar ao trabalho de verificar o texto da obra, revela uma coragem, como não há exemplo na história da literatura.

Ora, é preciso que o público saiba claramente de que lado está a improbidade. Trata-se aqui de uma questão de moralidade pública.

Enquanto o sr. Nash Morton não exibir ao público os trechos textuais do *Curso de Filosofia Positiva*, sobre os quais baseou o denegrimento e as acusações, tomarei a resolução de não responder-lhe mais, pedirei aos positivistas paulistas que façam o mesmo, e me reservarei o direito de afirmar solenemente ao público que o sr. Nash Morton é um contendor desleal, um crítico de má fé, um puro denegridor.

Será muito exigir? Não faço mais do que pedir uma condição à qual submete-se de bom grado todo o homem que se preza de cavalheiro.

Nas suas mãos está o tornar esta minha sentença provisória ou definitiva: retirá-la-ei no momento que exibir os documentos e terei nisso grande satisfação.

Chamar à ordem os adversários desleais, impor-lhes o respeito à verdade, exigir honestidade nas discussões, é simplesmente cumprir um dever.

Ao sr. Nash Morton cumpre lavar-se desta mácula, que muito propositalmente atiro sobre a sua reputação.

Se não tenho razão, indico-lhe ao menos o fácil meio de esmagar-me.

Jacareí, 24 de março de 1880.
Dr. Luís Pereira Barreto.

O DARWINISMO E O SR. DR. BARRETO[26]

Na *Província* de 24 de março último publicou o eminente filósofo e ilustrado médico, sr. dr. Luís Pereira Barreto, um artigo dirigido ao sr. Morton, a propósito do *positivismo,* no qual destacam-se alguns trechos, para nós tão pouco razoáveis, que pedimos permissão ao sr. dr. Barreto para analisá-los, sem todavia passar-nos pela mente a estulta pretensão de discutir com o primoroso escritor, cujo notável talento e não vulgar erudição somos os primeiros a reconhecer e admirar.

Tratando de provar que o sr. Morton encampa todas as proposições de Huxley, todas as verdades *com todas as aberrações*, diz o eminente filósofo: "(...) Com esta diferença, entretanto, que Huxley tinha graves motivos patrióticos e de coração, científicos e extra-científicos, para fazer uma crítica (a Augusto Comte) apaixonada, veemente, implacável, e por isso mesmo infundada, injusta, etc." Perdoe-nos o sr. dr. Barreto. Antes de tudo não é verossímil que um homem do porte científico e moral de Huxley se entregasse ao pequenino prazer de fazer uma crítica *apaixonada, veemente, implacável* contra um outro homem qualquer, *unicamente* por lançar este as bases de uma filosofia contrária ao seu modo de pensar. Um tal proceder é de todo o ponto incompatível com os princípios de uma materialista convencido e de tão esclarecida inteligência.

Um homem de concepções tão elevadas, de um espírito tão cultivado como o famoso naturalista em questão, ou como o ilustrado sr. dr. Barreto, não se deixa cegar e muito menos guiar pelo amor próprio, ou por vingança pessoal e mesquinha a ponto de fazer uma crítica *veemente, implacável*

---

[26] Este artigo foi publicado anonimamente.

clamorosamente injusta contra quem quer que seja, e especialmente quando se trata de ciência ou de simples opiniões.

Assim, permita-nos o sr. dr. Barreto que lhe digamos que, como bom positivista que é, como sectário de uma doutrina que não admite a hipótese *em coisa alguma* e só quer as provas palpáveis e experimentais; como tal, dizemos, permita-nos o sr. dr. Barreto – que lhe lembremos que mais razoável e justo seria que expusesse as causas desses *graves motivos patrióticos e de coração, científicos e extra-científicos*, etc. que teve Huxley para criticar *com tanta veemência* e *implacabilidade* a doutrina de Augusto Comte, a fim de poder S. Sa. avançar depois, o que avançou.

Porque, enfim, essa acusação ao caráter e ao esclarecido espírito de Huxley é que não deixa de ser de alguma gravidade, e até como que apaixonada. Reflita nisso o sr. dr. Barreto.

Outro trecho: "Como fiz sentir anteriormente, é a atitude da filosofia positiva em frente do darwinismo que causa todo *o nó na garganta* a Huxley, etc." Estes dizeres parecem indicar que o darwinismo é tão pouco consistente, ou antes, que a supremacia assumida pelo positivismo ante o darwinismo foi tal que o mísero Huxley, na sua imponência, sentiu um nó atravessar-lhe na garganta e ficou estatelado!

É admirável o triste juízo que faz do darwinismo o sr. dr. Barreto e a pouca conta em que tem o potente espírito de observação do maior naturalista deste século, e ante o qual se descobrem respeitosos os homens mais proeminentes da ciência! Diz mais o sr. dr. Barreto:

"Já está demonstrada a hipótese do darwinismo? Será positivamente certo que o homem descende do macaco?" E, como certos laivos de triunfo, acrescenta: "Os darwinistas não nos perdoam a nossa atitude neutra diante de uma doutrina *que ainda pode naufragar*" (!).

Ora, à vista disto, é evidente que o positivismo e o sr. dr. Barreto *acham possível* o naufrágio do darwinismo, o que importa admitirem a possibilidade de haver o Deus de Abraão, de Jacob e de Moisés *descido ao mundo* para fazer o homem de barro, *e à sua imagem*; ou então que a natureza o haja produzido *de um só jato*, ÚNICAS HIPÓTESES, (a não ser o darwinismo) que podem explicar a existência do homem tal qual o vemos! Daqui não há fugir. Escolha o sr. dr. Barreto qual dessas hipóteses mais lhe agrada, e diga-nos depois que figura faz a célebre *atitude expectante* do positivismo ante o darwinismo.

– Mas, dir-nos-á o sr. dr. Barreto, eu não escolho nada; como positivista conservo-me na minha atitude expectante, até ver as provas positiva, experimental e palpável.

Nesse caso, desculpe-nos o sr. dr. Barreto, não há discussão possível. Desde que a física, a biologia, a química *e a razão* de nada valem, deixemo-nos todos ficar na expectativa, e abandonemos os princípios científicos, porque, afinal de contas, todos eles são baseados em hipóteses.

O preceito positivista *de se não admitir hipótese alguma* e só se aceitarem os fatos verificados pela ciência experimental, é por demais limitada para a nossa justa ambição, para a natural aspiração da razão. E, a ser assim, para que nos servem, na verdade, a analogia, a dedução, a lógica *e a razão*, sr. dr. Barreto? A ser assim, qual o motivo por que admitem os positivistas a imperecibilidade da matéria, a imutabilidade das leis físicas e tantos outros pontos científicos, hoje indiscutíveis, como os diversos ramos da física, da eletricidade, do magnetismo, das vibrações da luz, da atração universal? Não foi, porventura, em todos estes fatos *não verificados pela ciência experimental* que se baseou o grande A. Comte, para lançar as bases da sua obra incontestavelmente grandiosa? Diz mais o eminente sr. dr. Barreto: "Materialista *enfesado* (Huxley) devia necessàriamente pensar mal de uma obra que nega competência às *tresloucadas pretensões materialistas*, que cheias de orgulho pelos conhecimentos físicos, químicos e biológicos se consideram aptas para especularem sem mais outra preparação sobre fatos da ciência social".

Desculpe-nos o sr. dr. Barreto, – mas, se o positivismo não é o próprio materialismo *apenas um pouco mais exigente em alguns casos, e menos em outros*, é então o deísmo; e, nesse caso, com que direito, com que razão, com que moral tem o sr. dr. Barreto combatido, e, folgamos de o dizer, pulverizado o deísmo ou espiritualismo, e a metafísica em geral? Parece mais do que evidente que só um homem *antideísta* é que se abalança a um tal tentamem, e é fora de dúvida que o homem em tais condições – é um verdadeiro materialista.

Porque, como muito bem sabe o sr. dr. Barreto, ou a natureza teve um autor e esse autor é Deus, ou não o teve, e nesse caso existe desde toda a eternidade, sendo causa e efeito de si mesma. Os que crêem na primeira hipótese são deístas, e os que a não admitem são pelo contrário *necessariamente* materialistas.

Aqui não há meio termo e nem a tal *atitude expectante* é admissível, tanto que o próprio sr. dr. Barreto nô-lo tem provado nos seus magníficos escritos *com que há verberado as religiões*.

Entretanto é o mesmo sr. dr. Barreto que qualifica de *tresloucadas* as pretensões do materialismo!...

Para que o muito ilustrado sr. dr. Barreto pudesse qualificar de tresloucadas as pretensões do materialismo, seria preciso que antes de o fazer *provasse com demonstrações evidentes, inatacáveis e científicas* que a natureza teve um autor; que a matéria é perecível; que o homem, assim como todos os outros animais, foram feitos *diretamente* por Deus e que as teorias da *evolução*, da *descendência* e da *seleção* são puros embustes ou sonhos fantásticos de Lamarck, de Darwin, de Hoeckel, de Huxley e de tantos outros.

A nós sempre se nos afigurou que o materialismo limitava-se apenas a não admitir a existência de um agente estranho como motor e regulador das leis do universo, e a considerar a matéria como causa efeito de si mesma, sem princípio nem fim, e contendo em si elementos e propriedades capazes de produzirem, *por sua própria energia*, todos os fenômenos que vemos.

Se é a isto que o sr. dr. Barreto chama *pretensões tresloucadas*, convirá, nesse caso, que nos convença com provas experimentais, ou pelo menos aceitáveis, de que estamos em erro. Afiançamos-lhe desde já que não somos pecadores impenitentes, e que o nosso maior desejo é que se faça a luz em torno de nós.

Prossegue o sr. dr. Barreto: "E sem indiscrição, o ilustre sr. Morton, que conhecia a opinião de Virchow, por que razão não revelou ao público a propósito de que questão o eminente patologista assim se exprimiu? Se o tivesse feito me pouparia hoje o trabalho de dizer que Virchow assim manifestou-se para combater uma *imprudente pretensão* de Hoeckel, exigindo no congresso dos naturalistas alemães o ensino oficial do darwinismo".

Como se vê, o sr. dr. Barreto, no seu propósito de combater o materialismo em geral e o darwinismo em particular, *doutrina que ainda pode naufragar*, traz em seu auxílio Virchow opondo-se ao ensino oficial, isto é, à *imprudente pretensão* de Hoeckel, quanto ao ensino oficial daquela doutrina.

Bem se vê que o sr. dr. Barreto não está muito ao corrente da transformação por que há passado o notabilíssimo patologista, e daí, o pouco ou nenhum valor da opinião deste acerca do darwinismo.

Virchow há muito que deixou de ser o fervoroso apóstolo da ciência para entregar-se à carreira política e administrativa. Daí, o seu estacionamento na ciência, *as suas ambições de uma outra ordem*, a sua vergonhosa apostasia, que a todos tem surpreendido, *menos ao partido clarical que com ela exulta.*

Eis aí, pois, porque o Virchow de hoje opõe-se ao ensino do darwinismo, que, como muito bem sabe o sr. dr. Barreto, *é uma das afirmações do materialismo.*

O procedimento de Virchow, portanto, não é baseado num sentimento de lealdade científica, mas sim, *porque tem hoje outras vistas*, está mudado, já não é o mesmo Virchow de há 20 anos atrás. Esta é que é a verdade.

A este propósito ouça o sr. dr. Barreto o que diz Ernesto Hoeckel, um dos mais ferventes admiradores de Virchow, e também um dos mais eminentes adeptos da ciência, do nosso tempo: "Como explicar, diz ele, este estranho procedimento? Mas como pode um naturalista célebre combater *o mais importante progresso das ciências naturais da nossa época*, isto é, essa teoria *que abre uma nova era*, sem a estudar seriamente, sem a examinar, *nem refutar uma só de suas principais provas?* Uma única resposta é possível: Virchow não conhece suficientemente a teoria atual da evolução e nem possui esses conhecimentos de naturalista que são indispensáveis para formar a respeito uma opinião razoável e segura".

E mais adiante: "Para justificar este procedimento e explicar a estranha atitude de Virchow na sua luta contra o transformismo, basta lembrarmo-nos das variadas circunstâncias por que tem passado há 30 anos, este homem tão ricamente dotado e de tão raro mérito. A época a mais importante e fecunda de sua vida é exatamente esses oito anos de sua estada em Vurzbourg. (1848-1856). Foi ali que em toda a força da mocidade, em toda a plenitude da vida e com um como que entusiasmo sagrado pela verdade científica, com uma potência de trabalho infatigável e a mais rara penetração, Virchow operou essa grande reforma da medicina que lhe assegura para todos os séculos uma representação imperecível na história dessa ciência.

"Foi em Vurzbourg que ele mostrou essa larga aplicação da teoria celular à patologia e que se resume no principio de que a célula é um organismo elementar independente e animado, e que o homem, como todos os animais superiores, nada mais é do que uma república de células, princípio fecundo que Virchow *hoje renega* com insistência igual ao ardor com que então a sustentava.

Foi em Vurzbourg que o escutei como um discípulo respeitoso, há 20 anos, e que dele recebi com entusiasmo essa clara e simples doutrina de mecânica dos fenômenos vitais, *verdadeira doutrina monista*, que Virchow *combate hoje com tanta veemência quanto empregava então para defendê-la e afirmá-la*".

Já vê portanto o ilustrado sr. dr. Barreto que Virchow opôs-se ao ensino do darwinismo, *imprudentemente proposto por Hoeckel*, porque Virchow *degringolou*; não é mais o antigo sábio Virchow, de vistas largas e arrojadas, capaz de dar a vida pela ciência, mas sim uma espécie de padre católico e dos mais ferrenhos na defesa do obscurantismo.

E isto é tanto mais admirável, quando é exatamente o inverso o que de ordinário se dá.

Que um homem, de fetichista passe a deísta, de deísta a materialista *ou positivista*, concebe-se e explica-se, pois que é esta a natural carreira evolutiva de espírito humano, sempre ávido de progredir; mas, que de materialista volte à superstição religiosa, é o que certamente ninguém concebe salvo caso de lesão cerebral, ou interesse mesquinho e inconfessável.

Ora, é evidente que o grande Virchow está num destes casos.

Voltando, porém, aos materialistas, contra os quais o sr. dr. Barreto cada vez se manifesta mais desdenhoso *e até acrimonioso* (coisa que nos leva ao cúmulo do pasmo!) – é conveniente lembrar que para os combater com vantagem será preciso contrapor-lhes alguma coisa de razoável, de sensato e de científico.

Ora, o sr. dr. Barreto, colocando-se na tal *atitude expectante* recomendada pelo positivismo, e atirando remoques a Huxley e a outros de igual pulso, nada contrapõe, não adianta um passo nem de leve abala a *tresloucada* doutrina.

Perguntando se já estava demonstrada a hipótese do darwinismo, *e isto com certo ar de mofa*, esqueceu-se o sr. dr. Barreto de que colocava-se entre as duas aceradas pontas deste dilema: "Ou os organismos se hão naturalmente desenvolvido, e nesse caso derivam-se todos de algumas formas antepassadas, comuns, e excessivamente simples, ou então as diversas espécies de seres organizados nasceram independentemente umas das outras, e não podem ter sido criadas *senão de um modo sobrenatural*, isto é, *por milagre*. Evolução natural, ou criação sobrenatural das espécies, é indispensável escolher entre as duas possibilidades, porque *não existe uma terceira*!".

Ora, quando sobre um assunto desta ordem só existem duas hipóteses, *das quais não podemos fugir*, uma natural e outra sobrenatural, e quando ainda assim fica um filósofo perplexo e na *atitude expectante*, sem saber qual das duas escolher, *porque ambas lhe parecem possíveis*, é caso de dizer-se ao filósofo, quem quer que ele seja: – Tomai um rosário, fazei ato de contrição, e agarrai-vos à cruz, porque tudo mais são histórias! Voltemos, porém, ao artigo do sr. dr. Barreto, tomemos-lhe mais um trecho e seja este o último: "Em definitiva, diz o primoroso escritor, o que os materialistas querem é um puro *milagre*; e nada mais curioso do que ver-se esses homens que atacam o milagre teológico em todas as suas formas, o viram reproduzir *inconscientemente* no domínio da história".

De forma que Darwin, Carlos Vogt, Hoeckel, Gegenbaur, Huxley, o Virchow de Vurzbourg, Moleschott e tantos sumidades científicas desta ordem hão *inconscientemente* reproduzido, ou antes, *afirmado o milagre no domínio da história*! Entretanto, ainda mesmo sob o ponto de vista do método histórico, o sr. dr. Barreto parece estar em engano. Discípulo fiel de Comte, S. Sa. não pode admitir que a ciência seja tratada senão debaixo da mais estrita observância dos preceitos recomendados pelo grande fundador de *positivismo*.

Se esta falta (que nem por isso nulifica as aflições da ciência), é real com relação a um outro ramo de ciência cultivada pelos materialistas, não o é com relação a todos e muito menos com relação ao transformismo; e, se não, ouça o sr. dr. Barreto.

É Ernesto Hoeckel quem fala: "João Muller foi o último biologista que abrangeu o campo todo das ciências naturais orgânicas, colhendo nela uma glória imorredoura. Depois da sua morte (1858) a fisiologia e a morfologia separaram-se. A fisiologia, como ciência especial das funções dos organismos vivos, seguiu cada vez mais, isto é, mais perto, o método experimental. A morfologia, pelo contrário, como ciência das formas dos animais e dos vegetais, não podia usar senão mui limitadamente de um tal método; ela teve, pois, de recorrer à história da evolução, *e tornou-se assim uma ciência histórica*. No meu discurso de Munique apliquei-me muito especialmente a fazer ressaltar o contraste deste *método histórico e genético seguido de morfologia* com o método exato e experimental dos fisiologistas".

Já vê o ilustre sr. dr. Barreto que o *imprudente* materialista Hoeckel, ao menos no estudo da morfologia, segue os preceitos de Augusto

Comte, o que não impede de ser um dos mais lógicos e eruditos materialistas da Alemanha.

Ora, sendo a morfologia a base do darwinismo e além disso *tratada segundo o método histórico*, parece que, de todas as afirmações do materialismo, é esta *a que menos perigo tem de naufragar*. E o sábio professor alemão está disto tão convencido, que acrescenta: "Todos os nossos livros de morfologia, em particular, acham-se já tão fortemente penetrados da teoria da descendência; os princípios filogenéticos passam já geralmente por instrumentos de pesquisas *tão seguros e tão indispensáveis*, que ninguém poderá, já agora, expeli-las das posições conquistados.

Oscar Schmidt disse, com razão: "Entre os zoologistas existentes, digamos melhor, entre os zoologistas que trabalham atualmente, *noventa e nove por cento estão convencidos, pela simples indução, de que a teoria da descendência é verdadeira*".

E no entanto, diz o primoroso escritor, sr. dr. Barreto, que ela *ainda pode naufragar*! Confrange-se-nos o coração que um homem da estatura científica, e possuidor de um tão brilhante talento, como ilustre sr. dr. Barreto, avance num *excesso de positivismo*, proposições desta ordem! E muito mais se nos confrange ele ao vermos o modo desdenhoso e motejador com que trata a *tresloucada* doutrina materialista, à qual no entanto S. Sa. apenas pode opor a sua atitude expectante, *e nada mais*! Releve-nos o sr. dr. Barreto este desabafo. O seu admirável talento, o seu grande cabedal científico, os seus créditos literários e incontestável prestígio como escritor distintíssimo, pesam por tal forma na opinião, que além de nos parecer que, das proporções emitidas por S. Sa. resulta um perigo para o natural progresso das *idéias livres*, entendemos dever protestar, em nome dos materialistas convencidos e leais, contra o manifesto menosprezo com que foram por S. Sa. tratados.

De resto, convencido de que o nosso humilde escrito não merece as honras de uma resposta, e sendo nossa intenção não sustentar polêmicas, declaramos não voltar à imprensa, rogando, no entanto, ao sr. dr. Barreto permissão para guardarmos o incógnito, e assegurando-lhe, sem a menor bajulação, que somos um dos seus mais sinceros e profundos admiradores.

O DARWINISMO (UMA RESPOSTA)

Com grande constrangimento venho cumprir o dever, que me corre, de responder ao ilustrado darwinista, que, na *Província* de 7 do corrente, honrou com algumas objeções as poucas frases, que a situação forçada, em que me achei colocado, me impeliu a dirigir contra a grande doutrina biológica que ocupa a atenção do mundo cientifico dos nossos dias.

Nada pode haver de mais desagradável do que a necessidade de formular acres censuras contra uma doutrina, com a qual simpatizamos de coração e para a qual desejamos toda a sorte de triunfos. Somos dos primeiros a reconhecer a conveniência de, por enquanto, não desviar do estudo do darwinismo, mas antes acoroçoar todos aqueles que tentam esforços nesse sentido. Ainda não estamos tão ricos de materiais científicos que possamos dispensar o concurso de novos fatos e novas provas. O darwinismo inaugura uma grande e magnífica vereda, uma nova era para as ciências naturais; e tudo quanto tende a consolidar as ciências naturais encontra necessariamente apoio no positivismo.

O darwinismo, como doutrina biológica, não pode conduzir à teologia nem à metafísica: é quanto basta para fazer-nos causa comum com ele. Do momento que a teologia perde, a filosofia positiva lucra. É portanto do nosso mútuo interesse mantermo-nos unidos e solidários.

Uma consideração, sobretudo, nos impõe o dever de sermos circunspectos e de nos abstermos de trazer as nossas rixas internas perante o público, quando não dispomos senão das colunas de uma folha política, como meio de propaganda: a falta de espaço nos obriga a nos resumir em excesso, e esta excessiva concentração comunicando inevitavelmente um caráter absoluto às nossas opiniões, produzimos muitas vezes, sem querer, no espírito público uma impressão que estávamos longe de prever. Se já não é fácil a tarefa de expor simplesmente uma teoria nova em estilo acessível à generalidade dos leitores, muito mais grave se torna a situação, quando se tem de tocar incidentemente nos pontos de divergência entre duas doutrinas quase igualmente desconhecidas para a grande massa dos leitores de folhas diárias. Nessas condições, toda a discussão é inconveniente. Por mais que façamos, não podemos habilitar o público para conhecer da razão das divergências, e todos os nossos esforços só redundam em benefício dos teólogos e metafísicos, que encontram nessas divergências – a maior parte das vezes mais aparentes do que reais – uma mina fácil de explorar.

Não serei eu, portanto, que procurarei atenuar as falhas de que me acusa o ilustrado darwinista, que, envolto na modéstia de anônimo, não quis oferecer-me a ocasião de tributar ao seu nome toda a devida homenagem.

Julgo-me suficientemente justificado, ao avançar por minha vez que o ilustre evolucionista incorreu precisamente na mesma falta, de que tão acremente censurou-me. Acusou-me por não ter feito uma exposição integral da doutrina do transformismo, quando eu, ocupado em outro assunto muito diverso e colocado em um ponto de vista inteiramente diferente, só incidentemente toquei nos principais motivos, que levaram especialmente Huxley a mover contra A. Comte uma guerra infundada e injusta: e, no entanto, nesse mesmo artigo em que sou acusado, e que ocupou nada menos de cinco grandes colunas, não aparece sequer a tentativa de exposição da doutrina defendida.

Fui acusado de irreverência para com Huxley, a quem apenas neguei competência filosófica e não científica; e, entretanto, o ilustre darwinista, que o defende, nos dá logo em seguida a prova de uma irreverência sem limites, não encontrando frases bastante iníquias para verberar a conduta filosófica de Virchow, tão somente por dar este o exemplo de uma imparcialidade científica, digna de todos os louvores. E, que se o note bem, Virchow não condenou a hipótese darwiniana, apenas protestou contra a introdução dessa hipótese no ensino oficial.

Ao aconselhar aos fogosos evolucionistas mais calma, mais moderação, não fez mais do que recomendar a observância de um dos mais sóbrios e fundamentais preceitos da ciência, preceitos que constituem toda a sua garantia, todo seu prestígio, toda a sua imponente autoridade.

Será um grande crime indagar se uma hipótese já preencheu todas as condições da garantia científica? E um homem de ciência, como Virchow, que tanto tem contribuído para a marcha da emancipação mental, não poderá manter-se firme no seu posto, sem que se veja logo na sua prudente conduta " o seu estacionamento, *as suas ambições de uma outra ordem*, a sua vergonhosa apostasia, que a todos tem surpreendido, *menos ao partido clerical que com ela exulta*"? E, pelo fato de o partido clerical exultar, deveremos modificar a nossa linha de conduta? Mas, o partido clerical, quando não exulta, anatematiza. Ora, a sã filosofia tão pouco se deve importar com os aplausos como com os anátemas de procedência teológica. O critério científico deve assentar sobre outras bases.

Não é o medo da teologia que poderá nos servir de ponderador. Devemos ter sempre presente a fábula dos pardais, que, de medo de morrer nas unhas do gato, deixaram-se morrer de fome...

A posição em que colocam os nossos amigos darwinistas nos parece apresentar grande analogia com a dos pardais, com esta diferença apenas: que o medo da teologia os entrega mais depressa à voracidade teológica... O darwinista brasileiro, a exemplo de Hoeckel, se indigna contra o procedimento de Virchow, por dar ele lugar a que o partido clerical *exulte*.

Huxley esgotou o vocabulário das injúrias contra Comte, qualificou o positivismo de *catecismo disfarçado*, taxou de *burlescas* as vistas filosóficas de Comte, só porque este, depois de severo exame, se pronunciou mais favoravelmente pela fixidez das espécies. Foi em vão que Comte, discutindo a grandiosa concepção de Lamarck, pôs em relevo o seu imenso valor intrínseco, rendendo-lhe a mais ampla justiça e elevando a questão a uma altura filosófica, que nunca mais atingiu posteriormente. Foi em vão ainda que Comte, aplicando à história a hipótese darwiniana, a verificou por toda a parte, convertendo-a na lei dos três estados, e a revestiu de um caráter augusto, apresentando-a como a *lei do progresso*.

Do mesmo modo ainda foi em vão que Comte, tomando a dianteira aos mais audazes darwinistas aconselhou que, na falta de elos para se recompor a cadeia animal, se criasse abstratamente tipos adequados para preencher as lacunas da escala, do mesmo modo que se eliminasse aqueles que não pudessem aí encontrar um lugar satisfatoriamente lógico. Foi em vão, enfim, que Comte foi o primeiro a instituir o uso sistemático das hipóteses científicas.

Parecia que tão grandes serviços prestados à causa darwiniana devessem recomendá-lo à veneração e à simpatia de todos os sinceros darwinistas; parecia que a gigantesca operação executada por ele em história, com especialidade, operação que poupa aos darwinistas o mais ímprobo labor, devesse pô-lo ao abrigo de quaisquer ataques. Assim não aconteceu, entretanto.

O medo do *gato*, o medo do gato teológico, tudo envenenou, tudo comprometeu! Herbert Spencer, ardendo de sede de combate, atacou a classificação das ciências de Comte – classificação que é a mais exata representação maginável da concepção darwiniana... e isto em nome do darwinismo! – Daí a pouco, atacou o Gêneses das ciências de Comte, gêneses que é a mais sólida confirmação da hipótese darwiniana... e isto ainda em nome do darwinismo!

Mais tarde, é verdade, Herbert Spencer resgatou estas duas faltas, adotando para seu uso a classificação de Comte, do mesmo modo que já antes havia invocado a autoridade de Comte, quando precisou lançar as bases de uma educação positiva, concordando assim que o *gêneses* proposto por Comte é o mais prático, o mais didático: de sorte que as suas duas tentativas foram verdadeiramente só para... inglês ver.

O que diremos, porém, de Huxley que se arvora oficiosamente em advogado de Stuart Mill (ainda vivo e robusto) e em nome de Mill vem desbragadamente atacar *a lei dos três estados*, lei que Stuart Mill sustentou toda a sua vida fazendo dela o objeto de todo o capítulo do 2º volume do seu *Sistema de Lógica*? Que idéia poderemos fazer da capacidade filosófica desse energúmeno do darwinismo, que assim desconhece o alcance social da doutrina que sustenta em biologia, e, com a mais revoltante inépcia, descarrega contra ela o mais brutal e furibundo golpe? – E por que toda esse fremente agitação? – Só porque A. Comte considera a escala dos seres como uma *criação abstrata*, como um simples artifício lógico, destinado a facilitar e aliviar as operações do nosso espírito...

Os darwinistas entendem que isto não é bastante: querem que a série (pouco importa se linear ou se ramificada) seja a exata representação de um fato *concreto*.

Mas, Agassiz, o ilustre naturalista deísta, não queria também que as classificações naturais fossem consideradas puros artifícios lógicos: para ele a *classe*, a *família*, a *espécie*, eram as exatas *expressões* de um pensamento, de uma frase ou de uma idéia da inteligência de Deus. Daí concluía ele que a espécie é *necessariamente* fixa, invariável como o modo de pensar de Deus.

Não obstante as aparências, não obstante todos os seus sangrentos sarcasmos dirigidos contra a fixidez das espécies, os nossos amigos darwinistas conservam a modalidade de espírito ou o molde do raciocínio de Agassiz.

É sabido que entre o ateu, o deísta e o panteísta a diferença é só de forma e não de fundo: os três se valem filosoficamente. É preciso não nos deixarmos impor pelas aparências.

Os positivistas, pelo contrário, que aceitam os fatos e as objeções de Agassiz contra o darwinismo, rejeitam totalmente o molde do seu raciocínio. Desprezamos a forma, mas guardamos o fundo científico. Se Agassiz foi deísta ou teólogo, tanto pior para a metafísica e para a teologia: os fatos que ele aponta, só fortificam a ciência, e o que fortifica a ciência em um ponto é mortal para a teologia em todos os pontos.

Como doutrina biológica, tal qual a entende a filosofia de Comte, o darwinismo jamais deveria conduzir [o] rumo da teologia; entretanto, é o contrário que está prestes a se verificar. A mais superficial observação é suficiente para reconhecer que os nossos amigos darwinistas já adotaram todos os hábitos mentais, todos os vícios de raciocínio da teologia: desapareceu totalmente a tolerância filosófica, e, ante a menor resistência, os darwinistas, imitando o exemplo dos teólogos, procedem por anátemas contra aqueles que hesitam em abraçar a totalidade dos seus dogmas.

Pedir-lhes provas, lembrar-lhes a observância do mais fundamental preceito de toda hipótese científica – *a verificação* – é a seus olhos um crime abominável, é causar-lhes uma irritação de tal ordem que não nos dão mais senão injúrias por argumentos.

Não é desse mesmo modo que procedem os teólogos? Os menos intolerantes dentre eles recorrem ao racionalismo para nos responder. Ora, é precisamente este racionalismo que devemos examinar de perto, se não queremos cair em pura metafísica. O racionalismo é uma grande brecha aberta nos flancos da ciência: se fecharmos hoje os olhos para esse atentado, com que autoridade recusaremos amanhã ao deísta o pleno direito e a plena legitimidade da sua hipótese querida?

O DARWINISMO (UMA RESPOSTA) – II

Não é, por certo, por falta de racionalidade que peca o deísmo. Se jamais houve uma hipótese perfeitamente racional, é essa sem dúvida. E a melhor prova aí está nessa imensa maioria de espíritos, que todos os dias experimentam o mais profundo espanto ao saber que existe um grupo de pensadores que põe em dúvida essa crença ou a deixam mesmo completamente de lado.

Não foi pelo racionalismo que as diversas ciências conseguiram a sua plena constituição positiva: foi pela observação, pela experiência e pela comparação.

Ainda mais, foi só depois que deixaram de ser racionalistas que se organizaram em corpo de doutrina e puderam operar as mais brilhantes conquistas em todas as direções.

O deísmo caiu perante a ciência do momento que esta opôs ao racionalismo o seu método experimental. E o golpe foi tão profundo que a metafísica nunca mais levantou-se.

É o método que constitui a garantia suprema da ciência. É só por ele que entramos na posse de todo o saber real.

Ora, se esta é a base da ciência, a sua condição de vida, a sua mais alta sanção, como poderemos abrir uma exceção a favor de uma hipótese racionalista, só porque esta hipótese se apresenta sob o especioso pretexto de se achar ela ao serviço da própria ciência? Não será do nosso dever começar a justiça por casa? Sinto dizê-lo, o ilustre autor do artigo *Darwinismo* ainda não desembaraçou completamente o seu espírito das aderências metafísicas, ainda afaga o racionalismo, ainda embala a sua imaginação nos doirados êxtases do espírito entregue a si mesmo.

O positivismo não é tão rude, tão inimigo da *razão*, como supõe: é simplesmente justo. Não fazemos mais do que exigir dos darwinistas o mesmo que exigimos dos deístas: queremos unicamente a verificação da hipótese, condição esta a que estão sujeitas todas as ciências e que todas aceitam sem o mais leve lampejo de queixa.

O darwinismo, por enquanto, não passa de uma simples hipótese científica: como hipótese, está apto para triunfar, como está sujeito a naufragar.

"Ora, à vista disto, diz o ilustrado darwinista, é evidente que o Positivismo e o Dr. Barreto *acham possível* o naufrágio do darwinismo, o que importa admitirem a possibilidade de haver o Deus de Abrahão, de Jacob e de Moisés *descido ao mundo* para fazer o homem de barro, *e a sua imagem*; ou então que a natureza o haja produzido *de um só jato*, UNICAS HIPÓTESES (a não ser o darwinismo) que podem explicar a existência do homem, tal qual o vemos!" "Daqui não há fugir. Escolha o Dr. Barreto qual destas duas hipóteses mais lhe agrada, e diga-nos depois que figura faz a célebre *atitude expectante* do positivismo ante o darwinismo".

"Mas, dir-nos-á o Dr. Barreto, eu não escolho nada... – Nesse caso, desculpe- nos o Dr. Barreto, não há discussão possível. Desde que a física, a química e a biologia e a *razão* nada valem...abandonemos os princípios científicos, porque, afinal de contas, todos eles são baseados em hipóteses." A minha resposta será simples. Mas, antes de tudo devo protestar contra o consórcio da *razão* com a física, a química e a biologia. Não foi com a *razão*, mas sim com a balança, que Lavoisier demonstrou que todo o corpo que se queima, *aumenta de peso*. Esta verdade elementar, que tanto ofendeu *a razão* contemporânea, constitui a própria base da química. E assim em todas as outras ciências. *A razão só se torna razão depois da experiência feita.*

Não vejo absolutamente o motivo lógico que me abriga a escolher entre o Deus concreto de Abrahão e o Deus metafísico, a que a ilustre articulista dá o nome de uma mulher – *a Natureza*. Quanto ao Deus de Abrahão, os positivistas respondem: *ignoramos*; quanto à Natureza, perguntamos como De Maistre: *quem é essa mulher*? Entre ignorar e escolher, a distância é grande. Bem sei que teólogos, metafísicos, materialistas, darwinistas, deístas, panteístas, etc., estão todos de perfeito acordo para lançar os altos gritos a cobrir de anátemas a modesta confissão do positivismo. Seja como for, mantemos a confissão e repetimos: ignoramos.

Mas, por que será que uma tão singela confissão ocasiona tão estrepitosa tempestade? A razão é singular, mas é a seguinte: é que todos, cada um a seu modo, sentem o espinho nas carnes...e, ligados pela dor, juntam seus esforços para esmagarem em comum esse monstro maldito que se chama positivismo.

Entretanto, este *monstro* desapiedado é o único que tem a coragem de dizer toda a verdade. É por termos a coragem das verdades que hoje dizemos aos darwinistas: cautela! Na vereda que levais, já por demais se desenha a feição de ideal metafísico – a penetração da causa última.

Não nos custa conceder-vos a transformação das espécies como uma hipótese provisória; mas, essa transformação supõe um ponto de partida, e esse ponto partida, qual é ele? Um germe rudimentar, uma célula orgânica, um protoplasma, nos dizeis vós. Como sabeis? Quem vos garante que, há bilhões ou trilhões de séculos o ambiente externo apresentou tais condições favoráveis que possível foi a transição entre a química bruta e a química orgânica, transição que fez surgir o vosso gérmen, vossa célula organizada? Será mais científico admitir a formação espontânea de uma célula do que a de um organismo superior?

Não nos ensina a ciência atual que o elefante e o homem procedem de uma célula? Qual a diferença essencial entre a semente de pinheiro e o próprio pinheiro? E a astronomia hodierna não nos informa que, todos os dias, estão a cair sobre o nosso planeta sementes de plantas de outros mundos? E, com esta informação, já a vossa doutrina não sofre um rude golpe, perdendo a metade de seu corpo, e quase a totalidade de sua razão de ser! A que fica reduzido o vosso ontológico protoplasma no tocante à evolução vegetal? E, afinal, para que recorreis a esses dilemas pueris para com os adversários, quando vós mesmos não podeis caminhar senão tropeçando de dilema em dilema? Para todo o espírito desprevenido, o que está bem visível e palpável é que, debaixo de todo esse aparato científico jaz a eterna questão do ovo e da galinha.

A presunção a vosso favor se estabeleceria facilmente, se pudésseis nos apresentar um exemplo, *um único*, de transformação de uma espécie em outra.

Há mais de 30 anos que Darwin trabalha por transformar seus pombos: e possui hoje mais de 200 variedades e...são sempre pombos.

Entre a *rosa canina* e o *leão dos combates*, entre a camélia vulgar e a *grande duquesa*, a série é hoje quase incompatível, entretanto, a rosa permanece rosa, e a camélia sempre camélia. O cruzamento entre duas espécies vizinhas dá um produto híbrido que não se perpetua: entre o asno e a égua aparece o intermediário *burro*, infecundo. Isto é o que sabemos positivamente: é o resultado da observação e da experiência dos nossos dias. Por outro lado, a história confirma todos os resultados da observação contemporânea. As espécies descritas por Aristóteles, há vinte séculos, são exatamente as mesmas que as atuais.

As sementes de trigo, depositadas há setenta séculos nos túmulos dos faraós, e plantadas hoje, dão um produto absolutamente igual ao trigo comum.

Bem sei que os nossos amigos darwinistas, em fato de disposição do tempo, são de uma liberalidade sem limites; nenhum cálculo os assusta; contam miríades de séculos como minutos, e, quando lhes falamos em setenta séculos – o que é isso? dizem eles setenta séculos são apenas um momento na vida do mundo...

A mesma facilidade de explicação os acompanha em todas as veredas.

Darwin descreve minuciosamente o motivo por que o cão, antes de deitar-se, gira muitas vezes sobre o mesmo lugar; nos dá a razão pela qual o perdigueiro tem as orelhas longas e a vista curta, e o veadeiro as orelhas curtas e o focinho longo, com a mesma imperturbável serenidade com que descreve a mímica ou a expressão das emoções, a seleção natural com a sua boa parte de romance, o combate pela existência, com a sua parte dramática, a adaptação aos ambientes, etc...etc., Neste andar caminhamos depressa; já estamos em plena teleologia; e daí à teologia não há senão um passo.

O DARWINISMO (UMA RESPOSTA) III

O ilustre darwinista brasileiro estabeleceu o dilema e não deixou-me a escolha senão entre o Deus de Abrahão e a deusa natureza. E, ainda não satisfeito, galhofou algum tanto com a *atitude expectante* do positivismo, querendo, talvez, assim mostrar que, quando se trata da origem simiana do homem, é preciso que a gravidade de assunto se amenize com alguns laivos dessa alegre facécia, que nos vem por herança do nosso longínquo progenitor. Nada de mais justo: o bom humor em filosofia é sempre bem recebido.

Por minha vez, vou esforçar-me por guardar o mesmo diapasão, pondo de lado, por algum tempo, a gravidade de Comte, que, segundo Stuart Mill, chegava ao ponto de gostar de Molière, não pelo seu espírito, mas pelas suas graves sugestões morais....

Como já fiz ver, o ilustrado patrício conserva ainda a forma de raciocínio que estamos habituados a encontrar nos mais irrepreensíveis deístas. E, para provar que não avanço uma proposição sem fundamento, vou pedir ao mais mimoso dos padres a sua opinião sobre o positivismo, e ao público que a compare com a do ilustre darwinista. Desta sorte se tornará bem palpável a secreta afinidade espiritual que reina entre o darwinismo e o puro deísmo.

O mimoso deísta, feito padre, a que me refiro, é o jovem e melífluo padre Didon, o novo Bourdaloue que está neste momento fazendo as delícias do público católico mais adiantado do país. E, para não haver confusão, deve declarar que o padre Didon não é um padre como os outros: é um livre pensador perante o *Syllabus*, mas um livre pensador que põe o seu talento a serviço da Igreja.

No seu livro recente – *A ciência sem Deus* – à p. 7, "É preciso, meus senhores, atacar antes de todos esse sistema nascido ontem, que, em nome da ciência, ousa proibir ao espírito humano a investigação de Deus, e que, a ser exato, seria a condenação de toda a teodicéia. É bastante dizer que estou designando o positivismo.

"Considerando doutrinariamente, o positivismo é um sistema que professa não crer senão nas coisas acessíveis à experiência.

"Não admite outra realidade senão a matéria, suas propriedades e suas forças, seus fenômenos e suas leis. Não estuda, não aspira conhecer senão o que se vê, se mede e se pesa. O resto... considera como hipotético e colocado fora da esfera de inteligência; desde então, não se ocupa com isso. Notai bem, meus senhores, ele não nega e nem afirma; mais reservado e mais hábil, não se ocupa com isso; e, se se insiste para que explique essa atitude singular, esquiva-se dizendo: o invisível não é do meu domínio, nem da minha competência. A experiência é o seu único método. A razão para ele é toda experimental...

"...Eis aqui a substância dessa doutrina estreita, a mais exclusiva que o cérebro humano jamais concebeu. É *o golpe o mais pérfido que tenha sido descarregado, já não digo contra a fé, mas contra a razão*. Do momento que se professa não admitir senão a matéria, tudo quanto não for matéria é considerado como não existente. Ora, a alma, a pesareis vós? A medireis vós? E Deus, quem o pesou, quem o mediu? Quem pode descrever o seu rosto, desenhar seu perfil? "Mas como a religião repousa sobre a alma e sobre Deus, para uma inteligência viril entrada no positivismo, não há mais alma, nem religião, nem Deus: são palavras absolutas, lendas ocas, de que um espírito científico está emancipado...A ciência, diz o mestre da jovem escola, obrigou o pai da natureza a aposentar-se e acaba de reconduzir Deus até às suas fronteiras, agradecendo- lhe os seus serviços provisórios!" Como se vê, o jovem e sagaz pregador se apavora, tanto como o darwinista brasileiro, ante essa atitude de positivismo, que ambos qualificam de *singular*.

Não escapou ao mimoso provincial este fato: que "o positivismo é o mais pérfido golpe que jamais tenha sido descarregado, já não digo contra a fé, mas contra a razão". De uma só coisa esqueceu-se, é que essa *perfídia* do golpe é toda em benefício da ciência.

Os darwinistas fazem pouco cabedal da fé, mas constituem-se paladinos da razão; encontrando a ciência deficiente, suprem-na com o racionalismo.

Do mesmo modo, o padre Didon, encontrando a fé no *Syllabus* deficiente, supre-a com o racionalismo. De um e de outro lado, o interesse é o mesmo. E, como o positivismo não pode decidir a favor de um, sem decidir ao mesmo tempo, por dever de justiça, a favor de outro, e, como estes favores só poderiam ser feitos em detrimento de ciências, condena ambas as partes pelo mesmo delito.

É preciso que nos entendamos: a hostilidade do positivismo não se dirige contra a doutrina biológica, mas sim, contra a tendência racionalista que se lhe quer imprimir; toda a questão se passa entre o racionalismo e o experimentalismo. A impor a observância do sagrado princípio experimental, o positivismo não faz mais do que manter firme a bandeira que todos nós, positivistas e darwinistas, juramos sobre a pia batismal da ciência. Invocar o racionalismo, é uma deserção injustificável, é um desvio do método que desautora a ciência. É nesse sentido que Virchow teve imensamente razão; e, é neste mesmo sentido que não podemos encontrar frases bastante enérgicas para verberar o procedimento de Huxley, que se insurge contra um sistema filosófico, que sanciona todas as hipóteses *verificáveis*, e que constitui um seguro paládio para todas as verdades demonstradas da ciência.

Invocar o racionalismo é tentar repisar uma senda já por demais assinalada pelos desvarios do espírito humano, é prosseguir um ideal que só tem amontoado desastres e humilhações por toda a parte.

Toda a polêmica dos darwinistas contra o positivismo só tem por base uma confusão. Esta confusão provém de um vício da preparação científica da parte dos homens de ciência em geral, quero dizer: a falta de instrução enciclopédica, que Comte nunca se cansou de assinalar e censurar. As especialidades, eis o grande opróbrio, a insigne mania da instrução científica de nossos dias.

Sem dúvidas, essas especialidades têm contribuído poderosamente para o progresso das minudências de cada uma das ciências. Mas, se há um fato incontestável, é que esse mesmo progresso prejudica singularmente a concepção filosófica do papel da ciência. As faculdades mais eminentes do espírito se atrofiam sob a massa dos fatos de memória.

Temos levado tão longe a dispersão de vistas, a especialização, que hoje, mesmo em um ramo isolado de conhecimentos, já não podemos nos entender, tanto os pormenores desfiguram e ofuscam os pontos de vista gerais. A boa higiene do espírito requer a multiplicidade sistemática dos estudos, do mesmo modo que a saúde do corpo requer a variedade dos alimentos. O homem que passa 30 ou 40 anos de sua vida a estudar só insetos, ou só criptógamas, ou só equações de curvas, se embrutece afinal e torna-se um perfeito *urso*. Os ataques contra o sistema de Comte, por parte de homens de ciência, especialistas, bem o provam.

Na ausência de vista gerais, cada um procura engrandecer e fazer triunfar o seu ponto de vista exclusivo, dando exagerada importância ao que é secundário e deixando completamente na sombra o que é capital. Neste estreitamento do espírito desaparece a distinção entre a ciência e a filosofia, e daí essas disputas acrimoniosas suscitadas por vãos motivos de precedência.

A guerra, que movem os darwinistas contra a filosofia positiva, resume-se, em definitiva, em uma insubordinação do interesse particular contra o interesse geral. A filosofia positiva, na sua qualidade de *filosofia*, tem por missão impor a cada uma das ciências particulares a rigorosa observância dos preceitos fundamentais do método científico. No seu papel de mantenedora da ordem e de preparadora do progresso, não lhe cabe descer a tomar partido, em questões de detalhe, contra esta ou aquela opinião, a favor deste ou daquele grupo.

O seu primeiro dever é a perfeita neutralidade em todas as questões pendentes, em todas as hipóteses sujeitas à verificação. Contra esta atitude neutra se revoltam os darwinistas. Não têm absolutamente razão.

– Cientificamente, o que é o darwinismo? – É uma questão de biologia.

– Constitui ele toda a biologia? Não, evidentemente. Nem mesmo um capítulo é; constitui apenas um parágrafo do capítulo *biotaxia*. Incumbe, portanto, exclusivamente à biologia o esvaziamento desta questão. Se o darwinismo conseguir autenticar-se, será uma verdade de mais, que o positivismo consagrará.

Se, porém, não conseguir verificar-se, se...naufragar, será simplesmente um erro de menos, cuja eliminação não comprometerá de forma alguma a solidez do edifício positivo. Enquanto a questão se agita, a filosofia positiva mantém o seu posto. Surgida da filosofia particular de cada ciência, considera todas as ciências como suas filhas e trata a todos no mesmo pé de igualdade.

Dentre estas filhas a biologia é talvez a mais simpática, a mais insinuante, a mais cheia de atrativos. Mas, com justiça, poderá a filosofia positiva abrir uma exceção a favor desta – permitindo-lhe a grande *travessura* do racionalismo quando mantém para com as outras o mais severo rigor?! O que diriam as outras, e, com especialidade, a química, que não é menos bela, nem menos atraente? Não será mais consentâneo com a própria dignidade que o darwinismo se submeta à lei comum e faça visar o seu passaporte na chancelaria das *verificações*?

O DARWINISMO (UMA RESPOSTA) IV

Segundo as explicações precedentes, é fácil compreender-se a razão por que os darwinistas olham com tão mau olho a atitude neutra do positivismo.

Mas, há ainda um outro motivo, não precisamente científico, mas de grande interesse histórico, que concorre para fomentar a discórdia intestina. Os positivistas, francamente embirram com esta palavra *darwinismo*: vemos nela a mais clamorosa injustiça. Darwin não foi o inventor da doutrina, que traz o seu nome: o seu legítimo autor é Lamarck. E, se Darwin a renovou, cercando-a de um maior aparato de fatos de observação, nem por isso é menos certo que Lamarck foi quem a concebeu e a formulou com uma nitidez e elevação de vistas que colocam a sua superioridade filosófica fora de toda a contestação. Os naturalistas ingleses suportam dificilmente o anunciado desta questão de prioridade.

É conhecido o orgulho nacional dos ingleses, orgulho que tanto os prejudica, inibindo-os de aceitar as idéias e melhoramentos de outros países; ainda não adotaram o sistema métrico, e, na indústria, são tão inflexíveis em sua rotina que não consentem na introdução do mais simples aperfeiçoamento, já não digo das máquinas complicadas, mas mesmo na fabricação de uma simples enxada ou de um machado, circunstância esta que explica a posição da inferioridade em que caíram em frente à concorrência norte-americana. O principal móvel, talvez, o apaixonado ataque de Huxley contra Comte não reconhece outra cousa. Justiça, entretanto, seja feita a Darwin, que nunca pretendeu as honras da originalidade e deu sempre a Lamarck a paternidade de doutrina.

Para mostrar toda a injustiça e o nenhum fundamento do ataque de Huxley contra Comte, ser-nos-ia preciso dar aqui por extenso a opinião imparcial do imortal autor da filosofia positiva sobre este grande debate. Infelizmente o acanhado espaço de que dispomos não permite senão a citação de alguns trechos truncados, que de forma alguma podem dar uma idéia exata de encadeamento dos argumentos. Seja como for, o que vamos transcrever servirá ao menos para demonstrar a sem-razão do azedume darwinista, que qualificou de *burlescas* as sóbrias e profundas vistas filosóficas de Comte. Os jovens darwinistas brasileiros, estou certo, experimentarão não pequena surpresa ao saber que a notável argumentação, que vão ler, traz a data de 1838.

"A este respeito é preciso, antes de tudo, reconhecer que, qualquer que deva ser a decisão final desta grande questão biológica, não pode, na realidade, de modo algum afetar a existência fundamental de hierarquia orgânica. Poder-se-ia, a princípio, pensar que, na hipótese de Lamarck, não existe mais verdadeira série zoológica, porquanto todo os organismos animais seriam desde então perfeitamente idênticos, suas diferenças características devendo assim ser essencialmente atribuídas à influência diversa e desigualmente prolongada do sistema de circunstâncias externas.

"Mas, examinando-se esta questão mais aprofundadamente, percebe-se facilmente, pelo contrário, que toda a sua influência, neste sentido, se reduziria a apresentar a série sob um novo aspecto, que tornaria sua existência ainda mais clara e mais irrecusável.

Porque o complexo da série zoológica se tornaria então, tanto em fato como em especulação, perfeitamente análogo ao complexo do desenvolvimento individual, restringindo ao menos só ao seu período ascendente: não se trataria mais senão de uma longa sucessão determinada de estados orgânicos, deduzidos gradualmente [uns dos outros] na série dos séculos por transformações cada vez mais complexas, cuja ordem, necessariamente linear, seria exatamente comparável à das metamorfoses dos insetos hexapodes, tão somente muito mais extensa. Em uma palavra, a marcha progressiva do organismo animal, que não é para nós senão uma abstração cômoda, simplesmente destinada a abreviar o discurso e facilitar o pensamento, se converteria desse modo em uma verdadeira lei natural. É mesmo digno de nota que, dos dois célebres antagonistas entre os quais se debatia esta importante questão, Lamarck era incontestavelmente o que manifestava o sentimento mais nítido e mais profundo da verdadeira hierarquia orgânica, ao passo que Cuvier, sem nunca combatê-la em princípio, desconhecia freqüentemente os seus caracteres filosóficos mais essenciais. Não se pode, pois, pôr em dúvida que a concepção fundamental da série biológica seja realmente independente de qualquer opinião sobre a permanência ou a variação das espécies vivas.

"O único atributo desta série, que possa ser afetado por uma tal controvérsia, consiste simplesmente na continuidade ou descontinuidade necessária da progressão orgânica.

Porque, admitindo-se a hipótese de Lamarck, em que os diversos estados orgânicos se sucedem lentamente por transições imperceptíveis, será evidentemente preciso conceber a série ascendente como rigorosamente contínua.

Se, pelo contrário, reconhecer-se finalmente a fixidez fundamental das espécies vivas, será não menos indispensável estabelecer como princípio a descontinuidade da série.

Tal é, pois, afastando, de modo irrevogável, toda a vã contestação sobre a própria existência da hierarquia orgânica, o único verdadeiro ponto de vista sob o qual devemos aqui estudar esta alta questão de filosofia biológica.

"...Toda a célebre argumentação de Lamarck baseava finalmente sobre a combinação geral destes dois princípios incontestáveis, mas até aqui muito mal circunscritos: 1º A aptidão essencial de qualquer organismo, sobretudo de um organismo animal, a modificar-se conforme as circunstâncias externas em que acha colocado, e que solicitam o exercício predominante de tal órgão especial, correspondente a tal faculdade tornada mais necessária; 2º A tendência não menos certa a fixar nas raças, pela transmissão hereditária unicamente, as modificações a princípio diretas e individuais, de modo a aumentá-las gradualmente em cada geração nova, se a ação de meio ambiente perseverar identicamente.

Concebe-se sem dificuldade, com efeito, que, se esta dupla propriedade pudesse ser admitida de um modo rigorosamente indefinido, todos os organismos poderiam ser considerados como tendo sido, afinal de contas, sucessivamente produzidos uns pelos outros, ao menos dispondo da natureza, da intensidade e da duração das influências externas com essa prodigalidade ilimitada, que nem um esforço custava à ingênua imaginação de Lamarck.

"...Não nos ocuparemos com as suposições tão gratuitas, que necessita uma tal concepção, quanto ao tempo incomensurável durante o qual cada sistema de circunstâncias externas deveria ter prolongado a sua ação para produzir a transformação orgânica correspondente.

Esse defeito secundário é de tal modo manifesto, que não exige exame algum especial, porquanto o tempo não é disponível senão entre certos limites.

Devo apenas assinalar, neste sentido, como diretamente contrário ao verdadeiro espírito fundamental da filosofia positiva, o expediente irracional empregado por alguns daqueles que apoiavam a tese de Lamarck, quando, para iludir insobrepujáveis objeções, imaginaram recorrer a uma antiga constituição inteiramente ideal dos meios ambientes orgânicos, então privados de toda a analogia essencial com os meios atuais.

Segundo a teoria geral das hipóteses verdadeiramente científicas, estabelecida no volume precedente, um tal modo de filosofar deve ser imediatamente reprovado, como escapando, por sua natureza, a qualquer espécie de verificação positiva, quer direta, quer indireta."

É quando basta para fazer compreender ao leitor o motivo da indignação de Huxley e outros confrades: é que esta censura de Comte é realmente irrespondível. Os darwinistas *imaginam*, fazem *romances*, esquivam-se à verificação da hipótese, ao passo que a filosofia positiva está firmemente resolvida a manter-se com todo o rigor no terreno científico.

Não condenamos todas as *hipóteses*, como o supõe o ilustre darwinista brasileiro, apenas condenamos aquelas que são, de sua própria natureza, inverificáveis. É esta exigência que coloca o positivismo entre dois fogos, o dos teólogos e deístas, de um lado, e o dos materialistas, do outro. E é esta singular situação que constitui a sua melhor defesa. Pouco nos impressiona o fato de se acharem Pirro, o cético e Sócrates, o crente de acordo em um ponto: o que procuramos acima de tudo é saber se estamos ou não coerentes com os princípios os mais fundamentais do método das ciências.

Comte institui magistralmente o uso sistemático das hipóteses científicas, porque ninguém melhor do que ele sabia o quanto podia ser fecunda qualquer vereda para a investigação positiva, quando inaugurada sob o auspício de uma hipótese nessas condições. Toda a história das ciências aí está para nos garantir que todo o trabalho especulativo bem dirigido nunca é inteiramente perdido: a maior parte das vezes é possível que não se atinja o alvo; mas, em caminho, com certeza se fará sempre uma ampla colheita de verdades, que não se procurava, que não se suspeitava mesmo, e que, no entanto, tornaram-se freqüentemente mais importantes do que a verdade ideal que se ambicionava.

Esta é a melhor sanção das hipóteses científicas. Neste sentido, o darwinismo, quando mesmo nenhum serviço preste mais à ciência, merecerá o eterno reconhecimento da humanidade pelos seus indefesos esforços em enriquecer o nosso cabedal de fatos de observação e, mais que tudo, pela poderosa influência para o aperfeiçoamento de nossas faculdades de observação, de experimentação e de comparação. Jamais sistema algum aguçou tanto essas faculdades elementares do nosso espírito. O seus influxo tem penetrado por toda a parte, provocando e fecundando em todas as direções as mais eminentes e úteis elaborações.

Podemos, em uma palavra, dizer que sob a sua inspiração todas as ciências naturais sofreram uma total renovação: foi a *boa nova* que despertou todas as energias adormecidas, comunicando em alguns espíritos, como em Hoeckel por exemplo, uma potência de trabalho verdadeiramente extraordinária.

É neste sentido determinado que o positivismo rende a mais simpática homenagem ao darwinismo, e lhe deseja toda sorte de brilhantes triunfos.

Jacareí, 14 de abril de 1880

O DARWINISMO E O SR. DR. BARRETO[27]

Era nossa intenção não voltar à discussão. Em primeiro lugar, a consciência de nossa *niilidade* ante o potente e deslumbrante talento do nosso ilustre contendor, e portanto a certeza do inevitável e tremendo fiasco; em segundo, porque o nosso fim, ao escrever o artigo publicado na *Província* de 7 do corrente foi *somente* analisar alguns trechos que nos pareceram dignos de reparo, no excelente artigo com que o muito ilustrado sr. dr. Barreto fechou a sua discussão com o sr. Morton; e em terceiro, finalmente, porque, como bem disse o nosso eminente antagonista, – a discussão torna-se inconveniente, visto como não poderemos habilitar uma grande parte do público a conhecer da razão das divergências em que nos achamos.

O cavalheirismo, porém, com que o ilustre sr. dr. Barreto se dignou baixar até nós, anima-nos a, mais uma vez, apresentar algumas considerações sobre um ou outro dos argumentos contidos na brilhante série de artigos com que se dignou fulminar-nos.

Assim é que, logo no começo do seu artigo da *Província* de 15 do corrente, e tratando de defender Virchow, mostra-se o sr. dr. Barreto muito admirado por havermos dito que a vergonhosa apostasia do eminente positivista a todos surpreendeu, *menos ao partido clerical, que com ela exultou*, e acrescenta: "E pelo fato do partido clerical exultar deveremos modificar a nossa linha de conduta? Mas o partido clerical quando não exulta, anatematiza".

"Ora, a sã filosofia tão pouco se deve importar com os aplausos como com os anátemas de procedência teológica." O critério científico deve assentar sobre outras bases. "Não é o medo da teologia que nos deve servir de ponderador, etc." Isto é uma grande verdade. Entretanto, algumas linhas

....

[27] Réplica, assim como o primeiro artigo, anônima.

antes, é o próprio sr. dr. Barreto quem dá testemunho de que o medo da teologia *pode servir de ponderador*, quando diz: "Nestas condições toda a discussão é inconveniente". Por mais que façamos não poderemos habilitar o público para conhecer da razão das divergências, "e todos os nossos esforços só redundam em benefício dos teólogos e metafísicos que encontram nessas divergências" (a maior parte das vezes mais aparentes do que reais) "uma mina fácil de explorar".

Eis aqui o sr. dr. Barreto achando *inconveniente* a discussão, *porque ela redunda em proveito dos teólogos que aí acham uma mina fácil de explorar.*

Permita-nos, portanto, o ilustrado filósofo que, servindo-nos de suas próprias palavras, lhe perguntemos, a nosso turno: – E, pelo fato de redundar a nossa discussão em proveito dos teólogos, *que nela acham uma mina fácil de explorar*, deveremos modificar a nossa linha de conduta? Ora, a sã filosofia tão pouco se deve importar com os aplausos, como com os anátemas de procedência teológica! Além de que, se verberamos o procedimento de Virchow, *se contra ele esgotamos o vocabulário das injúrias*, como diz o sr. dr. Barreto, não foi por dar ele lugar, com a sua apostasia a que o partido clerical exultasse. O sr. dr. Barreto sabe que o partido clerical exulta sempre à menor descaída de todo o pensador livre e até com *a indecisão*, ou *atitude expectante*, dos positivistas, na qual querem os teólogos descobrir um resto de temor para com os seus fantásticos ídolos.

Não: se censuramos o procedimento de Virchow, é porque a apostasia é sempre um mau ato, um ato que revela má fé ou baixeza, que revela indignidade enfim.

Ora, Virchow, em que pese ao ilustre positivista, opondo-se ao ensino do darwinismo, não o fez *por desejar manter-se firme no seu posto*, mas sim e unicamente porque renega hoje as doutrinas e as mais adiantadas hipóteses que em outro tempo ensinou e defendeu, e que constituem já um patrimônio da ciência atual. Um sábio, de boa fé, que deseja conservar-se em atitude expectante, não avança, em tom de sentença, como o fez Virchow ultimamente – "que o plano da organização é imutável, que a espécie não se destaca da espécie". Isto não é *positivismo*, é pura teologia, a teologia tanto mais condenável, porque parte de materialista *enragé* de há vinte anos atrás, do grande propagador da teoria nionista, de um dos chefes do materialismo do nosso tempo.

Com relação a esta extraordinária transformação diz Ernesto Hoeckel: "Virchow tornou-se pois, a não restar a menor dúvida 'dualista e partidário da criação". Ele está tão compenetrado da verdade de seus princípios como eu o estou do contrário. Isto resulta 'com toda evidência" possível do conjunto de seu discurso de Munique, conquanto haja evitado patentear-nos descarnadamente os seus princípios." O nosso eminente contendor parece disposto a queimar o último cartucho em defesa de Virchow, porque sem dúvida persuade-se de que o famoso patologista inclina-se hoje para o *Positivismo*. Por engano! Virchow inclina-se, mas é para a Bíblia, para o gêneses mosaico, e provavelmente para os atos dos apóstolos e mais parvoíces do catolicismo. E como explica o sr. dr. Barreto esta transformação? Parece-lhe possível que um tão emitente materialista possa voltar ao dualismo, às cousas finais – de boa fé, e baseado na ciência? Além de quem, um positivista (supondo que Virchow tenha abraçado a doutrina) não avança em *tom dogmático* que o plano da organização *é imutável na espécies*, ou que a espécie *não se destaca da espécie.*

O verdadeiro positivista procede como o sr. dr. Barreto, aguarda a solução da questão; não nega, nem afirma, e nem mofa de hipóteses *que a massa tão complexa dos fenômenos concorre para afirmar.*

E no entanto diz o honrado sr. dr. Barreto: "E, que se o note bem: Virchow "não condena a hipótese darwiniana", apenas protesta contra a introdução dessa doutrina no ensino oficial".

Que maior condenação do que *afirmar* que o plano da organização *é imutável*? Não é, porventura este o prejuízo que o sr. dr. Barreto nota em Agassiz, quando, tratando deste notável naturalista, diz: – "para ele a "classe", a "família", "a espécie" eram as exatas expressões de um pensamento, de uma frase, de uma idéia de inteligência de Deus; e daí concluía ele que a espécie é "necessariamente fixa, invariável como o modo de pensar em Deus? A nós, pois, nos parece que não há frase mais robusta e que melhor exprima o veemente desejo de condenar a hipótese darwiniana, cuja base é exatamente *a modificação ou o transformismo.*

Já vê, portanto, o ilustre positivista, que se verberamos a conduta de Virchow, não foi por *dar este uma prova de imparcialidade científica e digna de todos os louvores*, como quer S. Sa., mas porque a *afirmativa* de Virchow *não é científica* e revela a fé. Se ele se houvesse limitado a aconselhar a atitude expectante por certo que lhe não faríamos carga. Mas é exatamente por essa *afirmativa ortodoxa a que desceu*, que jamais poderemos absolvê-lo.

Entretanto, e como contrapeso às acusações de intolerância que nos faz (intolerância que deu S.Sa. exuberante prova no seu primeiro artigo contra o sr. Morton) foi com verdadeiro prazer que lemos este trecho do seu brilhantíssimo artigo: "Foi em vão que Comte discutindo a grandiosa concepção de Lamarck pôs em relevo o seu imenso valor intrínseco, rendendo-lhe a mais completa justiça e elevando a questão a uma altura filosófica que nunca mais atingiu posteriormente.

"Foi em vão ainda que Comte, aplicando à história a hipótese darwiniana "a verificou por toda a parte" convertendo-a na lei dos três estados e a revestiu de um caráter augusto, "apresentando-a como a lei de progresso".

"Do mesmo modo, ainda não foi em vão que Comte "tomando a dianteira aos mais audazes darwinistas", aconselhou que, na falta de elos para se recompor a cadeia animal, se criasse abstratamente tipos adequados para preencher as lacunas da escala, etc., etc." Ou falece-nos atilação para compreender este período, ou dele deduz-se que Comte era darwinista e darwinista dos mais adiantados e convencidos. Entretanto os seus discípulos, ainda os mais distintos, dão de mão à hipótese aceita pelo mestre, *e por este verificada por toda a parte*, e deixam-se ficar na atitude expectante, à espera das provas materiais e verificadas pela análise experimental.

Em todo caso modificamos desde já o nosso juízo sobre a doutrina de Comte, e pedimos permissão para perguntar aos seus discípulos: – Com que direito vos dizeis comtistas, quando é certo que ides além de vosso mestre em matéria da restrições e de dúvidas? Se Comte *verificou* a teoria darwiniana *por toda a parte*, como é que hoje duvidais dela, não obstante vos dizerdes comtistas? Este fato lembra o proceder de *quase todos* os católicos, que, não obstante se dizerem tais, não admitem entretanto nem a confissão, nem o jejum, e nem muitas outras práticas que a igreja preceitua, – e todavia continuam a afirmar que são *católicos apostólicos romanos!* Voltemos porém ao artigo do nosso ilustre contendor: "Herbert Spencer, ardendo em sede de combate, atacou a classificação das ciências de Comte, "classificação que é a mais exata representação imaginável da concepção darwiniana..." e isto em nome de darwinismo! Daí a pouco atacou o gêneses das ciências de Comte, "gêneses que é a mais sólida confirmação da hipótese darwiniana..." e isto ainda em nome do darwinismo! E não obstante todas estas asserções por parte de Comte, os seus discípulos põem ainda embargos à hipótese e acham que ela pode naufragar! É pois evidente que Comte tem sido caluniado e que Spencer não o entendeu, como muitos outros, ao que parece.

Infelizmente porém e como que arrependido de nos haver dado mel pelos beiços, diz um pouco mais adiante o sr. dr. Barreto: "E por que toda essa fremente agitação? Só porque Comte "considera a escala dos seres como uma criação abstrata, como um simples artifício lógico..." Nesse caso é forçoso convir que ninguém poderá jamais entender Comte, visto como – ora, *verifica* a teoria darwiniana *por toda a parte,* formula o gêneses das ciências, que *é a mais sólida confirmação* dessa teoria; – ora, considerava- a como uma *criação abstrata, como um simples artifício lógico!* Está pois justificado Spencer, assim como todos aqueles que não têm podido compreender o grande fundador do *positivismo*.

Prossegue o sr dr. Barreto: "Parece que tão grandes serviços prestados por Comte à causa darwiniana devessem recomendá-lo à simpatia de todos os sinceros darwinistas; parecia que a gigantesca operação executada por ele em história, com especialidade, operação "que poupa aos darwinistas o mais ímprobo labor", devesse pô-lo ao abrigo de quaisquer ataques. Assim não aconteceu entretanto. "O medo do gato, o medo do gato teológico tudo envenenou, tudo comprometeu." (!) Assim como Spencer não compreendeu Comte, nós por nossa vez não compreendemos o sr. dr. Barreto. Este *medo do gato teológico* não sabemos absolutamente o que quer dizer.

Desculpe-nos o sr. dr. Barreto, mas, ao que parece, é de boa prática entre os positivistas escrever, por vezes, de modo que os *não iniciados* fiquem...em jejum. É isto pelo menos o que nos acontece com relação a este seu período, que encerra, provavelmente, um pensamento cáustico.

Firme no propósito de confundir o materialismo com a metafísica, acrescenta o ilustre sr. dr. Barreto: "É sabido que entre o *ateu*, o *deísta*, e o *panteísta* a diferença é só da forma e não *de fundo*. Os três se valem filosoficamente. É preciso não nos deixarmos impor pela aparências."

Perdoe-nos ainda uma vez o habilíssimo sr. dr. Barreto. A nós, pelo contrário, se nos afigura que a diferença entre o ateu e o deísta é enorme, profunda, completa, visto como a este último é *indispensável* um autor para o universo, a àquele é *absolutamente inadmissível a hipótese*. O deísta vê no universo a conseqüência de um plano meditado a priori, a ação de uma vontade inteligente, a execução de um projeto determinado, um modelo, enfim, *em ponto grande*, das operações, dos desejos, das concepções humanas; ao passo que o ateu crê que o universo existiu sempre, e não pode por forma alguma ser o produto de um *ser imaterial, inextenso, imponderável*, e que o mais superficial exame nos mostra como um verdadeiro *ente de razão*, ou como o mais colossal absurdo.

Se esta profunda antinomia entre as duas escolas é o que sr. dr. Barreto chama diferença *só de forma* e não *de fundo*, confessamos, nesse caso, que a nossa ignorância em matéria de forma e de fundo é completa, e não mais do que entregar as mãos à palmatória.

Termina o ilustrado sr. dr. Barreto o seu artigo da *Província* de 15, com este período: "Os menos intolerantes dentre eles (os darwinistas ou materialistas) recorrem ao *racionalismo* para nos responder. Ora, é precisamente este racionalismo que devemos examinar de perto, *se não queremos cair em pura metafísica*.

O racionalismo é uma grande brecha aberta nos flancos da ciência; se fecharmos hoje os olhos para esse *atentado*, com que autoridade recusaremos amanhã ao deísta o pleno direito e a plena legitimidade da hipótese querida?" Evidentemente o sr. dr. Barreto encara, ou confunde a *razão*, isto é, a faculdade de *discernir*, de *comparar*, de *pesar a circunstância* – com a *fantasia*, com a *imaginação*, com a faculdade de elevar-se além dos objetos sensíveis.

A nós, pelo contrário, parece-nos que o racionalismo não é um atentado contra a ciência, mas sim o seu maior auxiliar; porque a *razão*, ou o *bom senso*, são como que os instrumentos de que se serve o sábio para investigar os fenômenos cuja solução constitui mais tarde o patrimônio da ciência. A razão, sendo como é a faculdade de discernir, e de comparar, só abrange, ou só repousa sobre *objetos sensíveis*.

Quando, porém, ela tenta elevar-se além de tais limites, nada mais faz do que se exercer sobre combinações fantásticas, *de idéias procedidas de objetos sensíveis*, e deixa de ser razão para tornar-se *fantasia*, que é exatamente o caso da teologia.

Resulta portanto daqui que o racionalismo e a metafísica são coisas inteiramente diversas e opostas. O primeiro tem por base os objetos *sensíveis*, e a segunda – a pura abstração, a fantasia, a imaginação.

Assim, é nossa opinião que o deísta, meditando sobre a sua *hipótese querida*, como muito bem diz o sr. dr. Barreto, *não raciocina*, mas fantasia, e por isso *podemos recusar-lhe amanhã o pleno direito e a plena legitimidade da sua hipótese.*

Ao passo que o racionalismo baseia-se nas noções que nos fornece o mundo exterior, isto é, nos objetos *sensíveis*, e conseguintemente, na *experiência* e na *própria ciência,* à qual ele, por sua vez, auxilia.

Será profundíssima ignorância nossa, será; mas, a nosso ver o *racionalismo* e a *metafísica* são coisas totalmente diversas e opostas.

Em todo caso, é por tal forma elevada a linguagem do nosso erudito contendor, e encara ele as questões de uma altura para nós tão completamente inacessível, que talvez o motivo de nossas divergências não passe de um *mal entendu* por parte do obscuríssimo escritor destas linhas, que no entanto felicita- se por haver proporcionado ao público inteligente a feliz ocasião de mais uma vez admirar o fecundíssimo talento do primoroso escritor sr. dr. Pereira Barreto, a quem cordialmente saúda.

O SR. DR. BARRETO E O DARWINISMO

Em nosso artigo publicado na *Província* de 29 do passado analisamos, ainda que muito pela rama, alguns trechos do primeiro artigo da série com que o ilustre sr. dr. Barreto se dignou responder-nos. Temos hoje à vista o segundo, e como continuamos a não concordar com o fecundo e primoroso escritor sobre o assunto – *darwinismo*, que encaramos por modo totalmente diverso, pedimos-lhe permissão para contestar algumas das proposições deste seu segundo artigo, estampado nas colunas da *Província* de 18 de abril próximo passado.

A ousadia é por certo grande, mas a indulgência do sr. dr. Barreto é indubitavelmente maior.

Ocupando-se ainda com o *racionalismo*, diz o nosso ilustrado contendor: "Não foi pelo racionalismo que as diversas ciências conseguiram a sua plena constituição positiva; foi pela *observação*, pela *experiência*, pela *comparação*." Ora aqui está precisamente o caso em questão. O sr. dr. Barreto entende que a faculdade de *discernir* e de *comparar*, que todos os lexicógrafos são unânimes em denominar – *razão* – não tem relação alguma com o *racionalismo*, o qual no entender de S. Sa. é coisa muito diversa – tanto que tal faculdade, acrescenta o sr. dr. Barreto, *tem servido para a plena constituição positiva das ciências* (!). Assim, é mais de que evidente que, para o ilustre positivista – *racionalismo*, é sinônimo de *metafísica*. E a prova disto é que logo em seguida acrescenta: "O deísmo caiu perante a ciência, do momento que esta opôs ao racionalismo o seu método experimental. E o golpe foi tão profundo que a metafísica nunca mais se levantou.

Fica pois evidenciado que, para o distinto positivista a faculdade de *discernir*, de *comparar*, são auxiliares da ciência, mas não constituem a razão, isto é, o *racionalismo*, o qual, no entanto, os lexicógrafos persistem em denominar: – faculdade de *discernir*, de *comparar, pois que abrange os objetos sensíveis!* Talvez ao sr. dr. Barreto pareça que estes argumentos são verdadeiras puerilidades; mas para nós porém não o são, visto como o racionalismo, pelo modo por que o compreendemos, entende mui de perto com o darwinismo.

Depois de uma verdadeira avalanche de argumentos especiosos relativos à questão darwiniana e evidentemente destinados a *entupir* o adversário (porque o sr. dr. Barreto quer *provas experimentais* e não admite absolutamente o uso da razão, isto é, o discernimento, a comparação, a observação, a analogia, a dedução, a lógica – elementos para S. Sa. inúteis, sem valor, sem significação); acrescenta: "A presunção a vosso favor se estabeleceria facilmente se pudéssemos nos apresentar um exemplo, *um único* de transformação de uma espécie em outra. Há mais de 30 anos que Darwin trabalha para transformar seus pombos, e possui hoje mais de duzentas variedades e...são sempre pombos.

"Entre a *rosa canina* e o *leão dos combates*, entre a camélia vulgar e a *grande duquesa*, a série é hoje quase incompatível; entretanto a rosa permanece rosa e a camélia sempre camélia. O cruzamento entre duas espécies vizinhas dá um produto híbrido que não se perpetua; entre o asno e a égua aparece o intermédio *burro*, infecundo. Isto, é o que sabemos positivamente; é o resultado da observação e da experiência dos nossos dias. Por outro lado, a história confirma todos os resultados da observação contemporânea. As espécies descritas por Aristóteles, há vinte séculos, são exatamente as mesmas que as atuais." A resposta a estes dois períodos deixamos a cargo de Hoeckel e do próprio sr. dr. Barreto. Eles é que se incumbem de a dar: "O que é que a experiência pode provar em semelhante matéria? Diz o sábio professor de Iena. A mutualidade da espécie, a transformação da espécie, a passagem de uma para outra, ou para diversas espécies novas, respondem-nos.

Pois bem: desde que tais fatos podem ser provados pela experiências de há muito que o foram já, e na mais alta escala. O que são, com efeito, as experiências sem número da seleção artificial conseguida pelo homem, há milhares de séculos, na criação de animais domésticos e na cultura das plantas, senão experiências fisiológicas que atestam a transformação das espécies? Lembremos somente, e como exemplo, das diferentes raças de cavalos e de pombos.

"Os rápidos cavalos de corridas, os pesados cavalos da carga, os elegantes cavalos de equipagem, os grosseiros cavalos de roça e os pequenos pôneis anões – eis aí, além de outras, raças tão diferentes, umas das outras, que, se as encontrássemos em estado selvagem, descrevê-las-íamos seguramente como espécies inteiramente diversas de um gênero, e até como representantes de gêneros diversos. Sem dúvida alguma, todas estas pretensas *raças* ou *variedades* do cavalo diferem entre si muitíssimo mais do que a Zebra, o Couagga, o Dauw e as outras espécies do cavalo selvagem que os zoologistas distinguem como *bona species*. Entretanto, todas essas diferentes *espécies artificiais*, que o homem tem produzido pela seleção artificial, derivam de uma única forma antepassada comum, de uma *boa espécie* selvagem.

"Da mesma forma quanto às espécies tão numerosas e tão variadas do pombo doméstico, que são outros tantos descendentes, como o provou Darwin, de uma única espécie selvagem – o pombo de rocha ou Biset (*columba livia*).

E que diferenças tão extraordinárias não se lhes nota, não somente na forma 358
 geral do talhe e da cor, mas na forma particular do crânio, de bico e das patas, etc.! Eles diferem muito mais dos outros do que as numerosas espécies de pombos selvagens que os ornitologistas distinguem de ordinário como *boas espécies*, e mesmo como *bons gêneros*. O mesmo dá-se com relação às diversas espécies artificiais ou raças de batatas, de peras, de amores-perfeitos, de dálias, etc., em uma palavra, da maior parte das espécies de plantas e de animais domésticos.

"Insistimos, entretanto, sobre este ponto: – que estas espécies artificiais que o homem produziu ou *criou* de uma única espécie, por meio de processo de seleção, por experiências [de] transformação, *diferem em muito mais entre si*, sob o duplo ponto de vista fisiológico e morfológico, do que as espécies naturais em estado selvagem. Com relação a estas últimas, a demonstração experimental de uma origem comum é, como facilmente se compreende, de todo ponto impossível. Porque, desde que submetêssemos uma espécie animal ou vegetal a uma tal experiência, submetê-la-íamos de fato às condições da seleção artificial.

"Que a noção morfológica da espécie, longe de ser absoluta, não seja senão relativa, que ela não tenha mais valor absoluto do que as outras categorias de classificação análoga – variedades, raças, gêneros, famílias, classes, – eis o que concebe hoje todo o naturalista, que boa fé e sem segunda intenção julga as classificações sistemáticas em uso, que repousam na distinção das espécies.

Aqui, o arbitrário, como é natural, não conhece limites, e não existem dois naturalistas que, em todos os casos, concordam em dizer quais as formas que devem ou não ser distinguidas, a título de *boas espécies*. A noção de espécie tem uma significação diferente em todos os domínios, pequenos ou grandes, da zoologia e da botânica sistemáticas.

"A noção da espécie não tem mais valor fisiológico. A este respeito devemos fazer notar mui particularmente, que a própria questão da geração dos bastardos, *último refúgio de todos os defensores da constância da espécie*, tem perdido hoje toda a significação. Numerosas e seguras experiências nos têm feito conhecer, em primeiro lugar, que duas *boas espécies* diferentes, *ajuntam-se e podem produzir bastardos fecundos*, tal é caso das lebres e coelhos, leões e tigres, e grande número de espécies diversas dos gêneros das carpas, das trutas, dos salgueiros, dos espinheiros, etc. Em segundo, é um fato menos certo que os descendentes de uma só e mesma espécie que, segundo o dogma da antiga escola, gozarem constantemente de uniões fecundas, ou não se juntam entre si, *sob a influência de certas circunstâncias*, ou não procuram mais do que bastardos infecundos, tal é o caso dos coelhos da ilha de Porto-Santo, diversas raças de cavalos, cães, rosas, jacintos, etc.

"Quanto à *prova certa*, que pede Virchow, nenhuma classe de animais nô-la mostra melhor do que as esponjas, que a noção de espécie repousa sobre uma pura abstração e não tem senão um valor relativo como o do *gênero*, da *família*, da *ordem*, da *classe*. Aqui, a forma indecisa e flutuante apresenta uma tal variabilidade que toda a distinção de espécie é absolutamente ilusória.

Isto, já Oscar Schimidt nos fizera ver nas esponjas citicosas e fibrosas. Eu mesmo, em minha monografia das *Esponjas calcárias* (1872), fruto de cinco anos de assíduos estudos consagrados a esse pequeno grupo de animais, mostrei que se pode distinguir à vontade 3, ou 21, ou 111, ou 289, ou 591 espécies. Creio, além disto, ter provado que todas essas formas de esponjas calcárias podem ser derivadas naturalmente de uma única forma antepassada comum, – *forma de modo algum hipotética, mas ainda hoje representada*, – a do OLYNTHUS.

Creio, pois, haver produzido com toda a evidência possível prova certa de transformação das espécies, – *a prova de que todas as espécies de um grupo de animais são descendentes de um antepassado único*." Isto, quanto a Ernesto Hoeckel. Quanto porém ao sr. dr. Barreto, é bastante transcrever este seu período, pondo de parte o que aí há de irônico e sarcástico: "Bem sei que os nossos amigos darwinistas em fato de disposição de tempo são de uma liberalidade sem limites; nenhum cálculo os assusta, contam miríades de séculos como minutos, e quando lhes falamos em 70 séculos, são apenas um momento na vida do mundo." Se outra pessoa houvesse escrito este período, não nos admiraríamos tanto; mas o ilustrado sr. dr. Barreto... isto faz-nos cair a alma aos pés! Dir-se-ia que tão eminente filósofo acha-se ainda sob o acanhadíssimo domínio da Bíblia, no tocante à idade do planeta em que vivemos! Sim, sr. dr.

Barreto, para os materialistas, assim como para os geólogos *não prejudicados pelas idéias dualistas ou das causas finais*, os séculos contam-se por minutos na idade da terra. Isto, e simples bom senso nos faz admitir como única explicação para o estado atual do planeta e de suas produções.

Está hoje perfeitamente conhecido, como muito bem sabe o sr. dr. Barreto, que a natureza não caminha aos saltos, mas sim por gradações ou modificações de uma lentidão tal que as suas mudanças não são apreciáveis mesmo a milhares de gerações. Assim sendo, que muito é que semente de trigo, achada em uma das pirâmides, produzisse trigo igual ao atual? O que é a vida toda de Darwin para a transformação completa do pombo? O que verdadeiramente surpreende e nos deve encher de admiração, é que este grande gênio haja operado em *30 anos* uma tão profunda modificação na raça! Querer achar um ponto, por menor que seja, de relação entre a vida do homem e a duração da terra, é idéia por demais antiga, e tão *restrita* que exclui todo o comentário.

O argumento da semente de trigo só é valioso para todo aquele que se não pode libertar da idéia ou da crença de que a terra foi criada por Deus *há 6 mil anos*.

Entretanto, se o trigo do tempo de Sesóstris é igual ao de nossos dias, o mesmo não se dá com os ninhos de andorinhas da mesma época, e achados igualmente em uma das pirâmides, – ninhos construídos de modo diverso dos atuais de todo o Egito, o que certamente é um grande subsídio para o darwinismo.

Admira-nos sinceramente de que o ilustre sr. dr. Barreto, que aceita as modificações operadas por Darwin, *em 30 anos*, repila a idéia de que em milhares de séculos uma espécie qualquer se possa transformar total, absoluta, radicalmente! Se a natureza (*mulher* que o sr. dr. Barreto não conhece, mas da qual é indubitavelmente um produto) pode *em 30 anos* modificar um dos seus frutos, e por modo tão manifesto, como lhe havemos de negar a possibilidade, ou o poder de transformá-lo absolutamente? Admitir pois as modificações esperadas por Darwin, importa admitir o darwinismo *em toda a sua integridade*.

Ora, as modificações por que hão passado todos os animais domésticos *são indiscutíveis e estão patentes*.

Vejamos, porém o último período deste artigo do sr. dr. Barreto; antes S. Sa. não o tivesse escrito!... "A mesma facilidade de explicação os acompanha em todas as veredas. Darwin descreve minuciosamente os motivos por que o cão, antes de deitar-se gira "muitas vezes sobre o mesmo lugar; nos dá a razão pela qual o perdigueiro tem as orelhas longas e a vista curta, e o veadeiro a vista curta e o focinho longo *com a mesma imperturbável seriedade* com que descreve a mímica ou as impressões das emoções, a seleção natural *com a sua boa parte de romance*, e combate pela existência *com a sua parte dramática*, a adaptação aos ambientes, etc. etc.

"Neste andar caminhamos depressa; já estamos em plena teleologia, e daí à teologia não há senão um passo".

É talvez o sr. dr. Barreto o primeiro homem verdadeiramente erudito que fala com tanto desrespeito de admirável e profundíssimo espírito de observação de maior naturalista destes tempos! Tentar ridicularizar qualidades tão preciosas, observações tão profundas, e que só por si têm valido uma das mais sólidas e talvez a mais brilhante reputação científica deste século, é uma heresia; um pecado contra a ciência moderna, que só poderia encontrar justificação se partisse de um católico boçal!

Admira-se o ilustre sr. dr. Barreto que Darwin descreva minuciosamente o motivo por que o cão gira muitas vezes sobre o mesmo lugar, antes de deitar-se.

Ora, para que os cães assim procedam deve haver uma causa; qual é ela? Acaso o *Positivismo* nos ensina alguma coisa a respeito? A questão é muito fútil para o *Positivismo* com ela se ocupar, – dirá o sr. dr. Barreto. É verdade; mas é também verdade que – é observando e estudando com tenacidade *as futilidades da natureza* que os sábios, como Darwin, se apropriam de fatos que entram para o domínio da ciência e dos quais se apodera mais tarde o *Positivismo*, depois de lhes haver combatido as hipóteses, sem ao menos lhes indicar soluções mais aceitáveis.

Ao terminarmos, por uma vez com esta discussão, tornamos a lamentar, e com o mais profundo pesar, que da cintilante pena do muito ilustrado sr. dr. Barreto tenha saído um período tão cheio de motejos contra aquilo que constitui exatamente a grande supremacia de Darwin – *a investigação*, qualidade que o coloca acima dos mais potentes observadores conhecidos, e que é o seu maior título de glória para todos os tempos! Ao eminente e primoroso escritor sr. dr. Barreto só nos resta, entretanto, pedir desculpa da nossa ousadia, filha certamente da impossibilidade em que nos achamos de o compreender melhor; daqui da nossa obscuridade enviamos-lhe um cordial aperto de mão, como sinal da profunda admiração que nos inspira o seu admirável talento.

O DARWINISMO — UMA RESPOSTA I

O ilustre darwinista paulista, em seu segundo artigo, persiste em defender o racionalismo e é tal a sua fascinação por este produto da revelação interna, que não hesita em considerá-la como o "maior auxiliar da ciência", como a primeira alavanca do método científico.

A seu ver, sou eu que "confunde a *razão* com a *fantasia* e com a imaginação"; sou eu que quero "por força confundir o materialismo com a metafísica"; sou eu que estou em erro por não perceber "que o racionalismo e a metafísica são coisas inteiramente diversas e opostas".

Ora, a menos que o ilustrado articulista esteja propositalmente cometendo um abuso de linguagem, invertendo a acepção das palavras, dando a certas expressões consagradas nas escolas filosóficas um sentido que nunca tiveram, forçoso me é dizer-lhe que, a ajuizar pelo tom do seu segundo artigo a questão está inteiramente deslocada: não é mais uma discussão entre o positivismo e o darwinismo, mas sim entre um darwinista e os próprios chefes da sua escola.

Podemos livremente dar ou recusar a nossa adesão aos princípios filosóficos de qualquer escola; mas, a nenhum de nós é permitido introduzir a menor alteração nos usos consagrados pelas diversas escolas, adulterando a significação de expressões seculares. A inovação neste terreno só traria o caos, a completa impossibilidade de nos entendermos. Do momento que não se respeita a distinção de bandeiras, que se confunde todas as fronteiras, tomando-se armas, ora em um domínio filosófico, ora em outro, a discussão torna-se interminável.

A filosofia é obra do passado; é o produto do trabalho intelectual de toda a humanidade. O passado não se refaz, não se reforma, não se retifica. Esse passado nos legou três formas características do pensar filosófico. Não podemos filosofar senão de três modos: o 1º e o mais antigo é a teologia; o 2º a metafísica; e o 3º é a filosofia científica ou experimental, que recebeu de Comte a designação de positiva. O método da teologia é a revelação externa; o da metafísica é a revelação interna; e o da filosofia positiva é a via experimental.

O ilustre darwinista brasileiro não tem o direito de confundir estas três formas fundamentais do espírito filosófico, assinando a uma delas atribuições que são propriedade exclusiva de uma das duas outras, e reciprocamente.

Atribuir, como o fez, a *fantasia* à teologia, e o *racionalismo* à ciência, é cometer de um jato duas grossas heresias, e uma injustiça bradante para com a metafísica, que fica assim despejada de todo o papel filosófico. E esta maneira de distribuir as funções a cada uma das três filosofias constitui uma novidade tão original que arrisca-se a passar por ininteligível.

A teologia *fantasia* tão pouco como a ciência *racionaliza*. Para a teologia a revelação, a existência do criador são um fato objetivo, absoluto, indiscutível: a *razão* é a sua pior inimiga; e o *Syllabus* é bem expresso neste sentido, proibindo terminantemente aos teólogos o recurso ao racionalismo.

A Igreja sabe por experiência o quanto lhe é prejudicial o apelo à *razão* para reforçar os seus dogmas. Isto não impede, entretanto, que todos os dias estejamos vendo os nossos padres, os mais ultramontanos mesmo, esquecidos dos princípios fundamentais da teologia, invocar a *razão* para afirmar a existência do criador. A sua desídia dos estudos teológicos sobe ao ponto que os irritamos e os escandalizamos, quando lhes afirmamos que, segundo a teologia, a existência do criador é um fato absoluto que se impõe à *razão*, que o Deus de Abrahão e de Moisés é um *Deus de carne e caso*; ficam estupefatos, quando os enviamos para as fontes puras, para Bergier, por exemplo, artigo *Teologia*, e que aí encontram as provas irrecusáveis da exatidão do nosso asserto e do ímpio erro em que laboram.

Sob o ponto de vista filosófico, podemos asseverar que de cada 100 padres 99 são *maçons*.

Um tempo houve em que a igreja, não percebendo o terreno falso que oficiosamente lhe oferecia a metafísica, favoreceu o movimento racionalista e comunicou-lhe mesmo esse vigoroso impulso, que tanto abrilhantou as célebres lutas filosóficas da escolástica da idade média, em que tomaram parte, ao lado dos *nominalistas*, Roscelin, Abelardo, São Tomás de Aquino e Colcam e, de lado dos *realistas*, J. Scott e Santo Anselmo.

Durante esses famosos debates, enquanto a igreja se extasiava diante das torrentes de eloqüência derramada de parte a parte, o terreno lhe tinha inteiramente escapado debaixo dos pés: a teologia se tinha convertido em teodicéia; todos os seus dogmas se haviam transformado em *essências universais, entelequias*, princípios da *razão*: a própria *Trindade* se achava reduzida a uma pura abstração *nominal*, e, enfim até o próprio Deus de Abraão e de Moisés havia desaparecido, cedendo o seu lugar ao Deus subjetivo e impessoal da metafísica. A transformação era radical.

Dantes, a existência do Ente Absoluto era um fato concreto que se impunha à razão: agora, o Ente Absoluto era uma criação da *razão* que se impunha à natureza.

Quando a igreja abriu os olhos, já era tarde, o mal era irreparável: o racionalismo, esse amigo oficioso, havia minado todas as suas bases, na melhor intenção de bem servi-la: no lugar da teologia estava solidamente estabelecida a metafísica deísta; e, não obstante, todas as ameaças, todas as tardias repressões pela excomunhão e pelo queimadeiro, o deísmo continuou a invadir a igreja, teimando em prestar-lhe serviços, que ela não pode aceitar, sem suicidar-se.

Para a igreja católica o racionalismo é uma verdadeira praga, que a desnatura, a desautora e lhe prepara toda a sorte de desastres e humilhações.

É com toda a razão que Pio IX e Antonelli julgaram urgente e indispensável o *Syllabus*, para conter a impiedade inconsciente e chamar à ordem as ovelhas desgarradas.

Leão XIII inaugurou o seu reinado, apresentando-se em franca oposição às vistas ortodoxas de Pio IX.

Todos os bispos acabam de receber, de introduzir, no ensino da filosofia em suas dioceses, a obra de São Tomás.

A nosso ver, é uma tentativa arriscada que, na louvável intenção de estabelecer o acomodamento entre a igreja e a consciência moderna, compromete pela certa a futura existência do papado.

Vamos assistir à reprodução das cenas da escolástica; em vez do teologismo, é o racionalismo nominalista do padre Didon que vai ocupar a cena.

Devemos saudar esta volta do catolicismo para a idade média como um grande progresso social, precisamente porque aí vemos um grande erro de doutrina filosófica.

Mas, não são só os teólogos que se descuidam dos estudos filosóficos, e que, por essa razão, estão todos os dias cometendo erros de doutrina: entre os homens da ciência não é menor a desídia.

A cada passo, encontramos em nosso caminho físicos notáveis, biologistas eminentes, que nos surpreendem pela profunda ignorância em que vivem em matéria filosófica.

Absorvidos em suas especialidades, descurando completamente o movimento filosófico do passado e do presente, apresentam-se de ordinário na arena da discussão tão destituídos de noções elementares sobre as questões da filosofia as mais comezinhas, que realmente nos afligimos com os maus exemplos de incúria, que dão ao público.

Esta incúria provém do desprezo que votam à teologia e à metafísica; e este desprezo indica, sem dúvida, um progresso social. Mas, assim como em ciência nada se improvisa, assim também em filosofia nada se descobre, nada se induz ou deduz sem uma preparação especial. É de pouca importância desprezar a teologia e a metafísica; mas é de máxima importância conhecê-las bem, até em suas mais fugazes minudências, se queremos realmente contribuir para o progresso da ciência. Do contrário, nos arriscamos a cair a todo o momento nos domínios reprovados sem a mínima consciência do delito.

Ao assim enunciar-me, não me refiro por modo algum ao ilustre darwinista paulista, que nos tem revelado um espírito de emancipação tão elevado, e que desejaríamos ver aclamado por todos os amigos do progresso das idéias: falo apenas em tese geral.

Entretanto, não posso deixar sem reparo a sua pretensão relativamente ao papel do racionalismo em ciência. É aqui que está o nosso principal ponto de divergência.

Para a filosofia positiva, o racionalismo é, em todos os domínios, sem exceção, uma bagagem inútil, que desconhece e entrega de muito bom grado à sua legítima proprietária, a metafísica.

O racionalismo em nada nos serve absolutamente; e, por conseqüência, o tratamos como merece: o rejeitamos radicalmente. E o rejeitamos, porque cada uma das ciências o rejeita do seu seio como um pérfido comensal que só serve para embaraçar-lhe a estrada. Ora, a filosofia positiva nada mais é de que uma generalização dos testemunhos convergentes de todas as ciências. O ilustre darwinista, para bem apadrinhar a sua causa, deveria nos citar um único exemplo dos serviços prestados pelo racionalismo a uma qualquer das ciências constituídas. Desejaríamos muito saber qual essa ciência que se constitui pelo racionalismo, e, em particular, se a biologia tem por sanção a *razão* ou a experimentação. Como já disse, a *razão* para nós só se torna razão depois de experiência feita: antes nada vale; depois da experiência vale tudo.

Não sou eu que "confundo o racionalismo com a metafísica"; é o ilustre darwinista que quer *desconfundir* aquilo que é inseparável; não sou eu que quero alterar a natureza das coisas; é o articulista que quer, com uma penada, suprimir a metafísica, como se isto fora uma tentativa realizável. Tomar o racionalismo à metafísica, para dá-lo de presente à ciência, é não só invadir a propriedade alheia, como colocar a ciência em uma posição embaraçosa: é obrigá-la a receber um presente de grego. Suprimido o racionalismo, o que resta à metafísica? E, se o racionalismo não é propriedade sua, qual então o traço característico que a distingue da teologia, e qual o que a distingue da ciência? É uma questão de diagnóstico em psicologia.

O DARWINISMO – UMA RESPOSTA II

É incalculável o serviço prestado pela filosofia de Comte não só à ciência, mas ainda à metafísica e à própria teologia. Antes de Comte, mesmo os mais eminentes pensadores, não descriminavam senão vagamente as três formas de mentalidade, que revestem na história a evolução filosófica. Depois de Comte, não é mais possível a hesitação. Foi tal a luz que lançou sob o complexo da filosofia que nenhum pensador pode mais hoje cometer uma confusão de idéias, sem ser imediatamente passível de uma acre censura pela sua desídia para com os estudos filosóficos. O próprio *Syllabus* não seria possível sem a filosofia de Comte. E isto, que pode parecer a muitos um paradoxo, não exprime, entretanto, senão uma relação filosófica das mais naturais.

A cada forma de mentalidade Comte indicou o seu legítimo domínio, legalizando a demarcação de fronteiras pelos documentos respectivos fornecidos pela história. Os sagazes chefes do partido ultramontano, os eminentes jesuítas, entre os quais figurava Antonelli, e o padre Sechi, não podiam deixar passar a obra capital do fundador do positivismo, sem tirar dela o mais longo proveito. Foi o que fizeram, elaborando o *Syllabus*, o melhor atestado da imparcialidade das vistas de Comte sobre a teologia católica. Nesse livro notável, tão pouco compreendido mesmo pelos padres católicos, a diferenciação entre a teologia, a metafísica e a ciência é soberbamente perfeita. Nem um só laivo de crenças adventícias e espúrias figura aí para marcar a pureza da teologia católica. E, seja dito de passagem, eu quisera que o ilustre darwinista brasileiro nos indicasse onde encontrou nesse livro um só trecho que o autorize a avançar que "a fantasia é o domínio da teologia".

O *Syllabus* e o positivismo estão de acordo neste ponto: em condenar a inclusão da *razão* em seus domínios.

O *Syllabus* tem razão, porque o racionalismo na igreja é o esfacelamento de toda a sua organização, é a ruína do seu prestígio, é a anarquia na sua disciplina, nos seus dogmas, na sua hierarquia, é a sua apostasia, a sua abdicação, a sua morte.

A filosofia de Comte por sua vez tem razão, porque a introdução do racionalismo em ciência seria a degradação do método científico, método que até hoje nunca sofreu um desmentido, e que só tem acumulado conquistas sobre conquistas, alargando todos os horizontes e mudando completamente a face do mundo. A filosofia de Comte tem razão, porque o racionalismo nos faria retrogradar de 20 séculos, reengolfando-nos nos desvarios de Platão e nos dos filósofos da escola de Alexandria.

Sinto não saber a que especialidade científica se dedica o darwinismo anônimo, a que respondo, a fim de limitar as generalidades da discussão e concentrar sobre esse ponto todas as considerações. Não o sabendo, e atendendo unicamente à sua qualidade de darwinista, apenas lhe perguntarei se tudo quanto hoje sabemos em biologia, relativamente ao sistema nervoso, à fisiologia dos tecidos, à digestão, à nutrição, ao mecanismo da morte pelo diferentes venenos ou pela asfixia, à locomoção, à fecundação, à partogênese ou procriação pelas *virgens mães*, sem intervenção masculina, a respiração, etc., etc., é devido ao racionalismo ou ao experimentalismo. E, visto que estamos no terreno biológico, lhe recordarei mais que o papel do racionalismo em medicina só consistiu em uma ininterrupta séria de desastres teóricos e de medonhas hecatombes práticas. Hoje, nenhum um médico da escola de C. Bernard ou de Virchow aceitaria o epíteto de racionalista, a não ser como uma sangrenta injúria.

Onde, pois, foi o ilustre darwinista beber essa infeliz inspiração, que o leva a abraçar-se com um método exausto de crédito? E, para sustentar uma causa perdida, valia deveras a pena se arriscar a comprometer-se perante todas as escolas filosóficas, inventando uma classificação tão original quão insustentável em filosofia, qual a de tomar o racionalismo à metafísica para dá-lo à ciência, atribuir a *fantasia* à teologia e à metafísica, distinguir esta do racionalismo, e investir enfim o materialismo com o título de ciência? Confesso que esta maneira de apresentar as três filosofias foi para mim uma grande surpresa. Mas, ouso asseverar que o ilustre darwinista não encontra um só pensador, quer antigo, quer moderno, para apoiar a sua classificação; e que, pelo contrário, está neste ponto completamente isolado mesmo de seus correligionários.

Em meu último artigo disse que entre o ateu, o deísta e o panteísta a diferença é só de forma e não de fundo; e que filosoficamente os três se valem.

Assim me exprimi, porque é sabido que o ateísmo, o deísmo e o panteísmo não são senão variantes do fundo racionalista, e que a experiência nada tem que ver com esses sistemas.

Esta minha maneira de ver escandalizou vivamente o darwinismo brasileiro, que retorquiu com uma longa apologia do ateísmo, ao mesmo tempo em que procurava demonstrar a irracionalidade do deísmo, e terminou asseverando que eu cometi um grave erro em assim pensar, etc.

Ora, não posso melhor justificar-me senão enviando o ilustre darwinista para a obra capital do mais eminente chefe do darwinismo, quero dizer Herbert Spencer, *Primeiros Princípios*, pág. a 37. Verá aí o meu interlocutor que a confusão não é minha, mas só sua; que em matéria filosófica o estudo dos filósofos é de rigor; e que, enfim, no modo de encarar o racionalismo é perfeito o acordo entre os positivistas e o ilustre chefe do darwinismo. A argumentação de Herbert Spencer, para demonstrar a irrefragável identidade entre o ateísmo, e o deísmo e o panteísmo, é jamais positivista algum levou tão longe a análise e a penetração filosóficas.

Eis como ele termina a sua esmagadora apóstrofe: "Assim, estas três suposições diferentes sobre a origem das coisas, se bem que inteligíveis verbalmente, e que cada uma delas pareça inteiramente racional aos seus aderentes, acabam, quando as submetemos à crítica, por tornar-se literalmente inconcebíveis.

Não se trata de saber se são prováveis ou plausíveis, mas sim de saber se são concebíveis. A experiência prova que os elementos dessas três hipóteses não podem se reunir na consciência, e não podemos figurá-las senão à maneira dessas pseudo-idéias de um quadrado fluido ou de uma substância moral. Para voltar ao modo por que estabelecemos a questão, direi que cada uma delas contém concepções simbólicas ilegítimas e ilusórias.

Separadas como parecem por grandes diferenças, as hipóteses ateístas, panteísta e deísta encerram o mesmo elemento fundamental. Quer se admita explicitamente a hipótese de existência *por si*, quer se a dissimule sob mil disfarces, é sempre viciosa, *incogitável*".

Já vê, pois, o ilustre patrício que o seu querido ateísmo não passa, na opinião do seu chefe insuspeito, de uma pura hipótese, a hipótese *incogitável*.

Se é, portanto, por essa vereda que pretende advogar a causa darwiniana, muito longe de garanti-la, a lança irremissivelmente no rol dos culpados. Não é dando o racionalismo ao ateísmo e negando-o caprichosamente ao deísmo, que conseguirá romper os laços da revelação interna que o jungem à sorte dos incogitáveis e escapar da atmosfera metafísica, em que está envolvido. Não obstante os seus formais protestos em contrário, não me é possível deixar de diagnosticar em toda a sua argumentação os sintomas mais acusados da presença em seu espírito dessa importuna intrusa, que Comte qualificou de moléstia crônica, e que nas escolas se chama metafísica. Não posso tão pouco compreender como o ilustre patrício pode, de sangue frio, avançar que a metafísica *não raciocina*, mas fantasia, quando é sabido que os mais eminentes pensadores, tais como Descartes, Leibnitz, Spinoza, Hobbes, Locke, Kant e tantos outros que nos prepararam a senda, não conheceram outro modo de filosofar. É precisamente porque a metafísica sempre e perfeitamente raciocinou que a teologia perdeu o governo dos espíritos, e assim tornou-se possível o acesso à ciência, que prescinde de uma e de outra. Advogar o ateísmo e condenar o deísmo, é desconhecer o trabalho intelectual dos séculos, é colocar-se, na linha da evolução filosófica, muito aquém de São Tomás d'Aquino, de São Anselmo ou de São Bernardo.

Ora, não é esta a posição que convém a um sectário convencido de uma doutrina biológica; e, não é sem pesar que o veja exclusivamente preocupado em nos reproduzir um debate já esgotado pela escolástica da idade média, obrigando-me também a desempenhar um papel que seria mais natural em um deísta, quando o meu único empenho era encontrar a questão no terreno científico, em que só têm a palavra a observação e a experiência.

Antes de terminar, devo ainda dizer ao ilustre darwinista que a contradição, que pretende ter descoberto entre Comte e seus discípulos, é puramente ilusória e provém simplesmente da interpretação gramatical forçada, que deu a uma de minhas frases. Eu disse: "Comte, aplicando à história a hipótese darwiniana, a verificou por *toda a parte*". Este meu por *toda parte* serviu-lhe de tema para bordar. Foi uma longa logomaquia. Será preciso avisar o leitor que o por *toda a parte* refere-se à história?... Se o ilustre patrício, em vez de se ocupar com a defesa do darwinismo, se obstina a retrair-se para a regência da sintaxe, para aí descobrir contradições, serei obrigado igualmente a retrair-me, porque a discussão terá descido do nível em que se mantinham os *tomistas* e os *scotistas* da idade média. Não será mais um debate entre o positivismo e o darwinismo, mas apenas uma luta de *flatus vocis* entre um sectário de uma seita metafísica e outra seita da mesma fonte.

Não é possível dar-lhe as razões por que Comte considera a escola biológica como uma simples abstração, ou um puro artifício lógico. A exposição do papel da abstração em ciência é por demais longa para os limites desta folha; e toda a discussão se torna interminável, do momento que os contendores não admitem os mesmos princípios gerais para ponto de partida. Se todas as leis naturais são reais, é porque são abstratas; e, se se não admite a realidade das leis abstratas, não há mais lugar para a ciência; está aberto o campo à metafísica; o racionalismo pode campear livre e indisputado.

São Paulo, 2 de maio de 1880

DR. L. P. BARRETO.

BIBLIOGRAFIA

ABAGNANO, Nicola. *Dicionário de Filosofia*. Trad. Alfredo Bosi. 2a. Ed. São Paulo: Martins Fontes, 1998

BARRETO, Luís Pereira. *Soluções positivas da política brazileira*, São Paulo: Livraria Popular, 1880.

BARRETO, Luís Pereira; BARROS Roque Spencer Maciel de, (organizador). *Obras filosóficas*, São Paulo, SP: Grijalbo, 1967. Vol. I

BARRETO, Luís Pereira; BARROS Roque Spencer Maciel de, (organizador). *Obras filosóficas*, São Paulo, SP: Eduel, 2003. Vol. II

BARRETO, Luís Pereira; BARROS Roque Spencer Maciel de, (organizador). *Obras filosóficas*, São Paulo, SP: Humanitas, 2003. Vol. III

COMTE, Augusto. *Curso de filosofia Positiva*. São Paulo: Martins Fontes, 2001

COMTE, Augusto. *Reorganizar a Sociedade*. 2a ed. Lisboa: Guimarães Editora. 1990.

COMTE, Auguste. *Vida e obra*. Coleção Os Pensadores. São Paulo: Abril Cultural, 1978.

CRUZ COSTA, João. *O Positivismo na República; Notas sobre a História do Positivismo no Brasil*. São Paulo: Cia. Editora Nacional, 1956.

LINS, Ivan. *História do Positivismo no Brasil*. São Paulo: Cia. Editora Nacional, 1967.

MORA, José Ferrater. *Dicionário de filosofia*. 4 vol, São Paulo: Loyola, 2001.

ROBLEDO, Antonio Gomez. *La Filosofia eu el Brasil*. México: Imprensa Universitaria, 1946.

TORRES, João Camilo de Oliveira. *O Positivismo no Brasil*. Petrópolis: Vozes, 1943.

Site:http://www.planalto.gov.br/ccivil_03/Constituicao/Constitui%C3%A7ao24.htm

BIBLIOTHECA UTIL

IV

SOLUÇÕES POSITIVAS

DA

POLITICA BRAZILEIRA

(1ª SÉRIE)

PELO

Dr. Luiz Pereira Barreto

———

Livraria Popular
De Abilio A. S. Marques—Editor
SÃO PAULO
1880

Edição de 1880

A ELEGIBILIDADE DOS ACATHOLICOS E O PARECER DO CONSELHO DE ESTADO

Ha apenas duas semanas, um distincto paulista (*) agitou, pelas columnas da «Provincia de São Paulo», a questão de saber-se porque razão os estrangeiros não se naturalisam em maior escala e não se interessam mais activamente pelo andamento das nossas cousas, das nossas idéas e opiniões.

A questão era por demais palpitante de interesse para ficar sem uma cabal resposta por parte da população estrangeira aqui residente. Foi o que effectivamente teve logar.

O illustrado sr. Kuhlmann, representando e condensando os sentimentos e opiniões dos seus compatriotas consanguineos (o sr. Kuhlmann é hoje cidadão brazileiro), correu pressuroso a responder ao repto, e, nas columnas da *Germania*, brilhantemente discutiu a magna questão, pondo em todo o seu dia as razões do mysterio.

(*) O dr. J. C. Alves de Lima.

Primeira página da mesma edição de 1880.

1 – Assim Falava Zaratustra – **Nietzsche**
2 – A Origem da Família, da Propriedade
     Privada e do Estado – **Engels**
3 – Elogio da Loucura – **Erasmo de Rotterdam**
4-5 – A República – **Platão**
6 – As Paixões da Alma – **Descartes**
7 – A Origem da Desigualdade entre os Homens – **Rousseau**
8 – A Arte da Guerra – **Maquiavel**
9 – Utopia – **Thomas More**
10 – Discurso do Método – **Descartes**
11 – Monarquia – **Dante Alighieri**
12 – O Príncipe – **Maquiavel**
13 – O Contrato Social – **Rousseau**
14 – Banquete – **Dante Alighieri**
15 – A Religião nos Limites da Simples Razão – **Kant**
16 – A Política – **Aristóteles**
17 – Cândido ou o Otimismo – O Ingênuo – **Voltaire**
18 – Reorganizar a Sociedade – **Comte**
19 – A Perfeita Mulher Casada – **Luis de León**
20 – A Genealogia da Moral – **Nietzsche**
21 – Reflexões sobre a Vaidade
     dos Homens – **Mathias Aires**
22 – De Pueris – A Civilidade
     Pueril – **Erasmo de Rotterdam**
23 – Caracteres – **La Bruyère**
24 – Tratado sobre a Tolerância – **Voltaire**
25 – Investigação sobre o Entendimento
     Humano – **David Hume**
26 – A Dignidade do Homem – **Pico della Miràndola**
27 – Os Sonhos – **Quevedo**
28 – Crepúsculo dos Ídolos – **Nietzsche**
29 – Zadig ou o Destino – **Voltaire**
30 – Discurso sobre o Espírito Positivo – **Comte**
31 – Além do Bem e do Mal – **Nietzsche**
32 – A Princesa de Babilônia – **Voltaire**
33 – A Origem das Espécies (Tomo I) – **Darwin**
34 – A Origem das Espécies (Tomo II) – **Darwin**
35 – A Origem das Espécies (Tomo III) – **Darwin**
36 – Solilóquios – **Santo Agostinho**
37 – Livro do Amigo e do Amado – **Lúlio**
38 – Fábulas – **Fedro**
39 – A Sujeição das Mulheres – **Stuart Mill**
40 – O Sobrinho de Rameau – **Diderot**
41 – O Diabo Coxo – **Guevara**
42 – Humano, Demasiado Humano – **Nietzsche**
43 – A Vida Feliz – **Sêneca**
44 – Ensaio sobre a Liberdade – **Stuart Mill**
45 – A Gaia Ciência – **Nietzsche**
46 – Cartas Persas I – **Montesquieu**
47 – Cartas Persas II – **Montesquieu**
48 – Princípios do Conhecimento Humano – **Berkeley**
49 – O Ateu e o Sábio – **Voltaire**
50 – Livro das Bestas – **Lúlio**
51 – A Hora de Todos – **Quevedo**
52 – O Anticristo – **Nietzsche**
53 – A Tranqüilidade da Alma – **Sêneca**
54 – Paradoxo sobre o Comediante – **Diderot**
55 – O Conde Lucanor – **Juan Manuel**
56 – O Governo Representativo – **Stuart Mill**
57 – Ecce Homo – **Nietzsche**
58 – Cartas Filosóficas – **Voltaire**
59 – Carta sobre os Cegos Endereçada
     àqueles que Enxergam – **Diderot**
60 – A Amizade – **Cícero**
61 – Do Espírito Geométrico - Pensamentos – **Pascal**
62 – Crítica da Razão Prática – **Kant**
63 – A Velhice Saudável – **Cícero**
64 – Dos Três Elementos – **López Medel**
65 – Tratado da Reforma do Entendimeno – **Spinoza**
66 – Aurora – **Nietzsche**
67 – Belfagor, o Arquidiabo - A Mandrágora – **Maquiavel**
68 – O Livro dos Mil Provérbios – **Lúlio**
69 – Máximas e Reflexões – **La Rochefoucauld**
70 – Utilitarismo – **Stuart Mill**
71 – Manifesto do Partido Comunista – **Marx e Engels**
72 – A Constância do Sábio – **Sêneca**
73 – O Nascimento da Tragédia – **Nietzsche**
74 – O Bisbilhoteiro – **Quevedo**
75 – O Homem dos 40 Escudos – **Voltaire**
76 – O Livro do Filósofo – **Nietzsche**
77 – A Miséria da Filosofia – **Marx**
78 – Soluções Positivas da Política Brasileira – **Pereira Barreto**
79 – Filosofia da Miséria – I – **Proudhon**

Futuros Lançamentos:

- Dicionário Filosófico – *Voltaire*
- Crítica da Razão Pura – *I. Kant*
- A Cidade do Sol – *Campanella*
- Dos Delitos e das Penas – *Beccaria*
- A Liberdade do Cristão – *Lutero*
- Do Servo Arbítrio – *Lutero*
- O Viajante e sua Sombra – *Nietzsche*
- Vontade de Potência – *Nietzsche*
- A Cidade Antiga – *Fustel de Coulanges*
- O Cidadão – *Hobbes*
- O Destino do Homem – *Fichte*
- Os Devaneios do Caminhante Solitário – *Rousseau*
- Sistema novo da Natureza – *Leibniz*
- Filosofia e Ciência – *Schopenhauer*
- Dores do Mundo – *Schopenhauer*
- O Fundamento da Moral – *Schopenhauer*

IMPRESSÃO E ACABAMENTO:
OCEANO IND. GRÁFICA – (11) 4446-6544

• 2007 •